Jürgen Leibiger

Vergesellschaftung

PapyRossa

Eine Übersicht aller Titel der PapyRossa-Reihe
Basiswissen Politik / Geschichte / Ökonomie
finden Sie unter shop.papyrossa.de/basiswissen

Luxemburger Str. 202, D-50937 Köln

Tel.: +49 (0) 221 – 44 85 45
Fax: +49 (0) 221 – 44 43 05
E-Mail: mail@papyrossa.de
Internet: www.papyrossa.de

Druck: Interpress, Budapest

Die Deutsche Bibliothek verzeichnet diese Publikation in der Deutschen Nationalbibliografie; detaillierte bibliografische Daten sind im Internet über http://dnb.d-nb.de abrufbar

ISBN 978-3-89438-848-5

Inhalt

Einleitung

Ein Buch über »Vergesellschaftung«, über »Enteignung«, über »gesellschaftliches Eigentum«? Was soll das? Selbst die großen Protestbewegungen verschiedener Länder im Gefolge der Krise von 2007 bis 2009 stellten solche Ziele nicht in den Mittelpunkt; es waren Proteste gegen das Abwälzen von Krisenfolgen auf die ›einfachen Leute‹. Hat nicht eine SPD-Vorsitzende noch Ende der 2010er Jahre, als der damalige Juso-Vorsitzende Kevin Kühnert über die Kollektivierung von Großkonzernen fabulierte, versichert: »Die Arbeitnehmer können sicher sein: Die SPD fordert keine Verstaatlichung«? (Andrea Nahles, in: Bild, 3.5.2019) Bestand nicht der Strukturwandel der Eigentumsverhältnisse in den vergangenen drei, vier Jahrzehnten vor allem in der Privatisierung, der »Inwertsetzung«, der »Kommodifizierung«, der »Akkumulation durch Enteignung« und einer »Landnahme«, Entwicklungen also, die der Vergesellschaftung diametral entgegengesetzt sind? Ist nicht das globale Vermögen in so wenig privaten Händen konzentriert, wie das lange Zeit unvorstellbar gewesen war? Zeigen nicht auch die Marginalisierung der Linken und der weltweite Aufschwung rechter Bewegungen und Parteien etwas völlig anderes als ein Bestreben nach einem Wechsel im Eigentumsregime? Es stimmt, irgendetwas läuft unter den herrschenden Eigentumsverhältnissen schief; soziale und ökologische Probleme häufen sich und fast keine große Investition kommt ohne staatliche Subventionen und Rückendeckung aus, aber Vergesellschaftung?

Trotz dieser Signale wurde Anfang der 2020er Jahre in linken Kreisen von einem »Hype« der Vergesellschaftungsidee gesprochen (Candeias 2022: 22), abzulesen am Zulauf zu Kongressen, an Universitätsseminaren und Büchern zum Thema. Die Berliner Initiative ›Deutsche Wohnen & Co. enteignen‹

Basiswissen
Politik / Geschichte / Ökonomie

lässt mit ihrem Vergesellschaftungsprojekt nicht locker; dadurch angeregt, hat sich eine Initiative zur Vergesellschaftung der Energieproduktion ›RWE & Co. enteignen‹ gegründet. Die inhaltlich teils widersprüchlichen Tendenzen von politischen Bewegungen und Diskursen scheinen schwer erklärbar. Tatsächlich sind sie aber nur Ausdruck der Suche nach Antworten auf sich weltweit zuspitzende Problemlagen, auf Krisen und Widersprüche in der Gesellschaft, Widersprüche, auf die auch widersprüchlich reagiert wird.

Was eigentlich ist mit »Vergesellschaftung« oder – was oft synonym gebraucht wird – »Sozialisierung« gemeint? Ist das identisch mit der Idee des Kommunismus, mit der Schaffung von gesellschaftlichem oder Gemeineigentum? War, was in den Ländern des Sozialismus im vergangenen Jahrhundert betrieben wurde, Vergesellschaftung? Ist es das, was im Artikel 15 des deutschen Grundgesetzes (dem »Vergesellschaftungsartikel«) steht? Worüber mit Blick auf das Wort Klarheit zu bestehen scheint, wird in Wirklichkeit seit eh und je gestritten.

Verschiedene Wissenschaften verwenden den Vergesellschaftungsbegriff in jeweils spezifischer Weise. Im Großen und Ganzen existieren – wird seine Verwendung in der Biologie einmal beiseitegelassen – drei Bedeutungslinien:

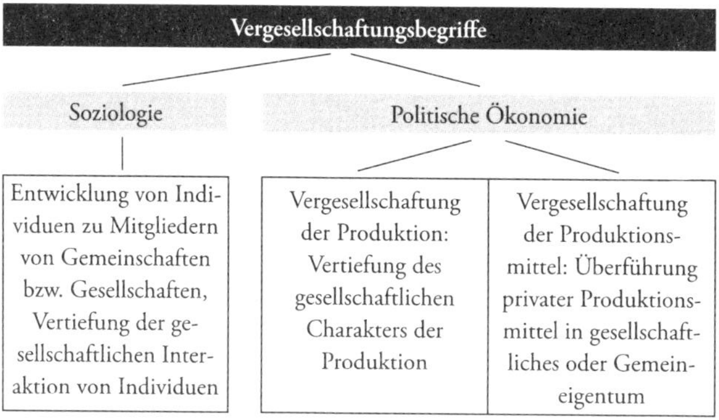

Dieser Band widmet sich seiner Bedeutung in der politischen Ökonomie, wobei im Rahmen der Reihe »Basiswissen« nicht allen Verästelungen des Begriffes nachgespürt werden kann. Im Grunde geht es um die Frage, wie die immer intensiver verschränkten reproduktiven Zusammenhänge und Interdependenzen der Produktion gesellschaftlich gestaltet werden. Erfolgt das auf der Basis kapitalistischen Eigentums über scheinbar spontan wirkende Marktbeziehungen, die von staatlichen, monopolistisch dominierten Regulationsformen durchdrungen werden (kapitalistische Vergesellschaftung)? Oder soll und kann das auf der Basis einer Vergesellschaftung der Produktionsmittel durch gesellschaftlich rationale, von Ausbeutung und Unterdrückung freie Regulationsformen geschehen?

Der Diskurs über eine Vergesellschaftung, die im Kapitalismus beginnt, über ihn hinausweist oder ihn abschafft, ist breit gefächert. Es gibt keine allgemein akzeptierte Bestimmung dessen, was Vergesellschaftung ist. Der gemeinsame Nenner könnte im Ziel der Schaffung von Eigentumsstrukturen einer »Assoziation, worin die freie Entwicklung eines jeden die Bedingung für die freie Entwicklung aller ist« (Marx/Engels 1848: MEW 4, 482) gesehen werden. In einer solchen, auf Gemeineigentum beruhenden Assoziation stünden nicht die private Profiterzielung und Konkurrenzvorsprünge, sondern die Bedürfnisse und reproduktiven Erfordernisse von freien Individuen, von Gesellschaft und Natur im Mittelpunkt.

I.
Historisches

1.
Die Geschichte des Begriffs

Die Idee des Gemeineigentums – dem Ziel einer Vergesellschaftung – ist Jahrtausende alt. Hesiod, ein griechischer Dichter, beschrieb um 700 v.u.Z. ein vergangenes »Goldenes Zeitalter« mit Gütergemeinschaft, in dem die Menschen in Frieden und Harmonie lebten. Gemeineigentum und Gemeinbesitz existierte in der Urgesellschaft, und in Teilbereichen der Wirtschaft mal stärker, mal weniger ausgeprägt auch später noch. Aber seit Hesiod herrschte diese Eigentumsform auch in den meisten Gesellschaftsutopien. Zu finden ist das bei Platon, den römischen Gracchen, im Urchristentum, bei den Kirchenvätern oder bei Thomas Morus. Dem rebellischen Geistlichen Thomas Müntzer wird das Credo nachgesagt: »Omnia sunt communia! Alles gehöre allen!«. Forderungen nach Gemeineigentum finden sich bei den britischen Levellers im 17. Jahrhundert, bei Aufklärungsphilosophen im 18. Jahrhundert, bei französischen Revolutionären und bei den Frühsozialisten in der ersten Hälfte des 19. Jahrhunderts. (Vgl. Künzli 1986) Manchmal sollte das jeweils bestehende Privateigentum zwar nur durch eine andere Form desselben ersetzt werden, aber oft ging es – ohne dass dieses Wort benutzt wurde – um Vergesellschaftung und Gemeineigentum.

Ab dem 19. Jahrhundert, als die soziale Frage immer stärker mit der Eigentumsfrage verbunden wurde, lassen sich drei *Grundströmungen* hinsichtlich einer Transformation der Eigentumsverhältnisse ausmachen.

(1) Reformorientierte bürgerliche Kräfte verteidigten zwar das Privateigentum, aber angesichts der sozialen Verwerfungen gab es Stimmen, die für bestimmte Eingriffe plädierten. In Deutschland verbreitete sich unter bürgerlichen Professoren ab etwa den 1870er Jahren der sogenannte »Katheder-Sozialismus«. Als zu Beginn des 20. Jahrhunderts der Begriff der »Sozialisierung« populär wurde, verstand diese Strömung darunter nicht die Abschaffung von Privateigentum, sondern seine sozialere Ausgestaltung und Regulierung. Der reformistische Zweig der sozialistischen bzw. sozialdemokratischen Bewegung – hier ist vor allem Eduard Bernstein zu nennen – nahm manche dieser Vorstellungen von einer gewissen Einhegung des Privateigentums an den Produktionsmitteln auf. Ein wichtiger Ansatz wurde in den 1920er Jahren im Rahmen der Gewerkschaftsbewegung unter Federführung von Fritz Naphtali mit dem Konzept der »Wirtschaftsdemokratie« entwickelt. (Naphtali 1928)

(2) Eine *zweite* Linie setzt auf eine Umgestaltung der Eigentumsstruktur »von unten«, mittels der Schaffung von Gemeineigentum auf einzelwirtschaftlicher, betrieblicher Ebene. Hier sind die Sozialexperimente von Robert Owen und die Genossenschaftsbewegung zu nennen. Pierre-Joseph Proudhon, der »Vaters des Anarchismus«, wollte an die Stelle des kapitalistischen Eigentums das Kleineigentum der unmittelbaren Produzenten setzen. Im Mittelpunkt stand die Selbstbestimmung des Individuums auch in der Produktion und eine freiwillige, von »unten« praktizierte Kooperation. Auch die russische Bewegung der »Narodniki« (Volkstümler) wollte eine neue Gesellschaft ausgehend vom Dorfeigentum schaffen. Mit der Schaffung individuellen Eigentums bei den Arbeitern selbst und mit der Gründung von Genossenschaften ist zunächst keine Vergesellschaftung im Wortsinn einer Schaffung von *gesellschaftlichem* Eigentum durch Enteignungen verbunden, mit der freiwilligen Kooperation kommt aber ein gesellschaftliches Mo-

ment hinzu. Ich führe diese Strömung als Vergesellschaftungsidee auch deshalb an, weil sie, modifiziert und teils unter anderen Bezeichnungen, wichtigen eigentumskritischen Theorien und Bewegungen der Gegenwart innewohnt.*

(3) Die *dritte* Strömung, der von Marx und Engels begründete »wissenschaftliche Sozialismus« oder Kommunismus orientierte – ebenfalls ohne zunächst diesen Begriff zu gebrauchen – auf einen revolutionären Akt (der späte Engels schloss auch einen parlamentarischen Weg nicht aus) zur Übernahme der politischen Macht durch das Proletariat und die Vergesellschaftung der Produktionsmittel in gesamtwirtschaftlichen Dimensionen. Obwohl dieser Prozess mit Verstaatlichungen beginnen solle, sei die Vergesellschaftung so lange nicht abgeschlossen, wie die unmittelbaren Produzenten im Zuge des Absterbens des Staates nicht selbst zu Eigentümern geworden seien.

Diese drei Großströmungen hinsichtlich der Auffassung über eine Transformation der Eigentumsverhältnisse, über Sozialisierung und Vergesellschaftung existieren in vielfach abgewandelten, sich teils bekämpfenden, aber auch überkreuzenden Varianten heute noch. Eine gewisse Sonderstellung hatte die in der zweiten Hälfte des 19. Jahrhunderts aufkommende Bodenreformbewegung (insbesondere Henry George in den USA und Adolf Damaschke in Deutschland), die eine Veränderung der Eigentumsverhältnisse an Grund und Boden und anderen natürlichen Ressourcen anstrebte und deren Ziele sich in jeweils spezifischer Form in allen drei Grundströmungen findet. Teils ging es um die Enteignung von Großgrundbesitz zugunsten bäuerlicher Kleinbetriebe, teils ging es um die Herstellung öffentlichen Eigentums und die Verpachtung an Privatbesitzer

* Vgl. zu den Theorien über Sozialismus außerhalb des Marxismus bzw. Marxismus-Leninismus auch: Autorenkollektiv 1976, 1978, 1981. Obwohl diese drei Bände sich kritisch und teils diffamierend mit diesen Theorien auseinandersetzen, bieten sie einen guten Überblick und viel Quellenmaterial.

und teils ging es nur um die staatliche Abschöpfung der Grundrente, das heißt dem sich aus dem Monopol der Grundbesitzer ergebenden Einkommen. Die Überführung von Agrarbetrieben in Genossenschaften war auch Bestandteil sozialistischer oder kommunistischer Programme.

Die Verwendung des Begriffs »Vergesellschaftung« oder der häufig als Synonym gebrauchten »Sozialisierung« im Zusammenhang mit der Eigentumsfrage begann erst im späten 19. Jahrhundert. Davor wurde »Vergesellschaftung« eher in einem, wie wir heute sagen würden, soziologischen Sinne gebraucht. In Johann Christoph Adelungs Wörterbuch aus den 1780er Jahren findet sich unter dem Lemma »Vergesellschaften« der Eintrag »Gesellschaft mit etwas machen, in Gesellschaft mit etwas treten [...]. Sich mit jemanden vergesellschaften, in Gesellschaft, Verbindung mit ihm treten.« (Adelung 1801, Bd. 4: Spalte 1043) In ähnlicher Bedeutung wurde er auch in der Philosophie gebraucht; Immanuel Kant schreibt von einer Neigung der Menschen, »sich zu vergesellschaften«. (Kant 1784) Es geht also um den Prozess der Intensivierung von Beziehungen in einer Gruppe oder des Zusammenschließens von Individuen, um die Konstitution von Gesellschaften, um die Integration von Individuen in eine Gemeinschaft oder um Entwicklung zum Beispiel eines Kindes zu einem aktiven Glied der Familie.* Dies entspricht auch noch heute ungefähr seiner Verwendung in der Soziologie, in der die so verstandene Vergesellschaftung nicht selten als deren Hauptgegenstand gilt. Eine der ersten Definitionen des Begriffs in der modernen Soziologie findet sich 1908 bei Georg Simmel: »Die Vergesellschaftung ist also die, in unzähligen verschiedenen Arten sich verwirklichende Form, in der die Individuen auf Grund jener [...] Interessen zu einer Einheit zusammenwachsen und innerhalb deren diese Interessen

---

* Auch auf das Tier- und Pflanzenreich wird der Begriff angewendet, so zum Beispiel in Bezug auf das Zusammenleben von Tieren.

sich verwirklichen.« (Simmel 1908: 6) Mit Max Webers »Wirtschaft und Gesellschaft« von 1922 war der Begriff vollends ins Zentrum der Soziologie gerückt. Ein Großteil seines Werks ist den »Typen der Vergemeinschaftung und Vergesellschaftung« gewidmet, wobei er Ferdinand Tönnies Unterscheidung von Gemeinschaft und Gesellschaft zugrunde legte. (Weber 1922: 181-600)

Der Vergesellschaftungsbegriff im Sinne der »Überführung privaten in gesellschaftliches Eigentum« ist eng mit der sozialistischen Bewegung verbunden, taucht aber bei deren Stammvater Karl Marx in dieser Bedeutung kaum oder nur beiläufig – so im Protokoll einer Rede von 1869 – auf. (Marx 1869: 561f) Friedrich Engels verwendet ihn, wie auch den Begriff der »Sozialisierung« gelegentlich in einigen späten Schriften und Briefen. (Engels 1894a: 493; 1891a: 156) Im Erfurter Programm der SPD von 1891 wird »die Verwandlung des kapitalistischen Privateigentums an Produktionsmitteln – Grund und Boden, Gruben und Bergwerke, Rohstoffe, Werkzeuge, Maschinen, Verkehrsmittel – in gesellschaftliches Eigentum« gefordert, aber der Vergesellschaftungs- oder Sozialisierungsbegriff dafür nicht verwendet. Dieser Nichtgebrauch gilt allerdings nur für die Verwendung des Wortes. Anders ist das bei dem Verständnis von »Vergesellschaftung« als Vergesellschaftung der Arbeit oder der Produktion. (Marx 1867b: 790) Hierunter versteht Marx den zunehmend gesellschaftlich vernetzten Charakter der Arbeit, die wachsende Interdependenz arbeitsteilig wirtschaftender Produzenten und die damit verbundene Konzentration und Zentralisation des Kapitals. In dem von Friedrich Engels herausgegebenen dritten Band des Kapitals wird in einem Einschub (wie zuvor schon im »Anti-Dühring«) die Bildung von Kartellen, Aktiengesellschaften und Trusts als Vergesellschaftung bezeichnet. (Marx 1894: 454; Engels 1878b: 617) Und schließlich findet sich in letzterem Werk und in einer Fußnote der dritten, von Engels herausgegeben Auflage des ersten Bandes des »Kapital« die Formulierung von der »menschlichen Vergesellschaftung«. (Marx 1867b: 373, Fn. 50a; Engels 1878a: 264) Dabei geht es eher um den soziologisch zu verstehenden Prozess der Vertiefung des gesellschaftlichen Charakters des menschlichen Lebens überhaupt und der historisch immer komplexeren Entfaltung der Dialektik von Individuum und Gesellschaft.

Obwohl der Begriff »Sozialisierung« als Synonym für »Vergesellschaftung« schon vor 1900 gefallen war, wurde er erst danach häufiger benutzt, zuerst wohl in einer Übersetzung von Emile Vanderfeldes »Die Entwicklung des Sozialismus« von 1902 aus dem französischen »le socialisation«. (Vgl. zur Begriffsgeschichte auch Weil 1921) Vielleicht hat auch das von fabianischen Sozialisten in Großbritannien gebrauchte »to socialize« abgefärbt. Populärer wurde er durch Werner Sombarts »Sozialismus und soziale Bewegung« ab der 6. Auflage von 1908, als er ein Kapitel über »Sozialisierungstheorien« aufnahm. (Sombart 1908: 84)

Marx und Engels hielten sich mit Vorschlägen bezüglich der konkreten Gestaltung der »Vergesellschaftung der Produktionsmittel« zurück. Sie lehnten es ab, »Rezepte für die Garküche der Zukunft zu verschreiben« (Marx 1867b: 25) oder – so Engels – »feststehende, gebrauchsfähige Vorschläge« zu unterbreiten. (Engels 1886: 429) Zwar führte die Pariser Kommune 1871 zu einer Reihe von Einsichten über »Vergesellschaftung«, aber da sie nur eine historische Episode blieb, entfaltete sich auch keine breitere und nachhaltigere Diskussion über künftige Eigentumsformen. Auch wenn die Literatur über einen »Zukunftsstaat« sich um die Jahrhundertwende herum geradezu lawinenartig verbreitete (vgl. Weissel 1976), wurde das Eigentumsproblem nur holzschnittartig behandelt. In der deutschen Sozialdemokratie war wenig darüber diskutiert worden. In »Zukunftsstaat und Sozialdemokratie«, einer berühmten Reichstagsrede von 1893, hatte August Bebel sinngemäß geäußert, man wolle keine konkreten Pläne schmieden; käme die Sozialdemokratie an die Macht, wüsste man schon, was zu tun sei. (Vgl. Bebel 1893: 15) Karl Kautsky schrieb 1902 hinsichtlich solcher Überlegungen in einer Arbeit »Am Tage nach der sozialen Revolution« von einer bloßen »Denkübung«. (Kautsky 1902: 3) So kann es kaum verwundern, wenn der später dem Rätekommunismus zuneigende Karl Korsch 1912 das Fehlen jeglicher konkreten Vorstellungen konstatiert:

> »Der Ausdruck ›Vergesellschaftung der Produktionsmittel‹ bedeutet zunächst weiter nichts als die Verneinung des Privateigentums an Produktionsmitteln. Sozialismus bedeutet Antikapitalismus. Der Begriff ›Vergesellschaftung der Produktionsmittel‹ hat einen klaren negativen Sinn; nach der positiven Seite hin ist er leer und nichtssagend.« (Korsch 1912: 12)

Anders als der Begriff der Enteignung ist »Vergesellschaftung« jedoch nach der positiven Seite hin keineswegs nichtssagend – er beinhaltet ja die Herstellung gesellschaftlichen Eigentums –, aber Korsch hatte insofern Recht, als das immer noch unkonkret ist. Selbst am Vorabend der Novemberrevolution, im Sommer 1918, lehnte es Rosa Luxemburg ab, konkrete Überlegungen dazu anzustellen, denn »das sozialistische Gesellschaftssystem soll und kann nur ein geschichtliches Produkt sein, geboren aus der eigenen Schule der Erfahrung, in der Stunde der Erfüllung, aus dem Werden der lebendigen Geschichte«. (Luxemburg 1922: 109f)

Spätestens mit der russischen Revolution 1917 und der deutschen Novemberrevolution 1918 war man zu konkreten Antworten gezwungen. In Sowjetrussland hatte Wladimir I. Lenin sehr rasch begriffen, dass es beim Aufbau des Sozialismus nicht allein staatliches, sondern auch genossenschaftliches und privates Eigentum geben müsse und dass der *formalen* Vergesellschaftung durch Verstaatlichung eine *reale* Vergesellschaftung folgen müsse, die Arbeiterklasse also die Fähigkeiten, das Bewusstsein und die Institutionen entwickeln müsste, um wie wirkliche Eigentümer der Gemeingüter handeln zu können. Diese durchaus differenzierte Sicht wurde unter Stalin revidiert, und es entwickelte sich, was heute als Staatssozialismus bezeichnet wird.

In den westlichen Ländern erfolgte die Sozialisierungsdebatte zu dieser Zeit mit Ausnahme der kommunistischen Bewegung immer auch mit einem vorwiegend kritischen bis ablehnenden Blick auf Sowjetrussland in der Zeit des Kriegskommunismus und der Neuen Ökonomischen Politik und später des Stalin-Kurses. In vielen europäischen Ländern, darunter Großbritannien, Frankreich, Ungarn, vor allem aber in Deutschland und Österreich entfaltete sich unter den Stichworten von »Sozialisierung« und »Gemeinwirtschaft« eine breite und vielfältige Debatte darüber. (Vgl. zu diesen Debatten: Weissel 1976, Novy 1978, Brückner 2013, Leibiger 2023, Schmidt 2023) In der 1919 in Berlin gegründeten »Räteschule« standen auch »die neueren Sozialisierungstheorien – Otto Bauer, Willbrandt, Kautsky, Korsch, Oppenheimer, Ballod, Wissel, Neurath u. a. – und die praktischen Erfahrungen der russischen Sozialisierung« auf dem Lehrplan. (Fricke 1918: 18f) »Sozialisierung« wurde – wenn auch in einer oft unscharfen und sogar desorientierenden Bedeutung – zum »tragenden Gedanken der Revolution«, wie Joseph A. Schumpeter, der als Mitglied der Sozialisierungskommission in diese Diskussion involviert war, damals schrieb. (Schumpeter 1921: 307)

Felix Weil, später einer der Initiatoren und Finanziers des berühmten Frankfurter »Instituts für Sozialforschung«, hat seine Dissertation 1921 dem Begriff der »Sozialisierung« gewidmet. (Weil 1921) Die Schrift ist die wohl erste, von einem marxistischen Standpunkt ausgehende systematische Darlegung der verschiedenen Auffassungen zu diesem Thema.

Bekanntlich blieben die Kämpfe für Sozialisierung und Vergesellschaftung erfolglos, gleichwohl wurde ein Sozialisierungsgesetz verabschiedet (das praktisch wirkungslos blieb) und die

Möglichkeit der Vergesellschaftung einzelner Betriebe fand im Artikel 156 Eingang in die Weimarer Verfassung. Im Verlauf revolutionärer Kämpfe kam es in einigen westeuropäischen Ländern zu Enteignungen und Verstaatlichungen sowie zur Entstehung von Arbeiterselbstverwaltungen auf betrieblicher Ebene. Weil sie wirtschaftlich erfolglos blieben oder bekämpft wurden, hatten sie zumeist nur kurze Zeit Bestand. Genossenschaften waren zumindest auf einigen Feldern wesentlich stabiler. Die theoretische Diskussion über die Ausgestaltung der Selbstverwaltung und das Genossenschaftswesen füllt inzwischen ganze Bibliotheksabteilungen.

Nach dem Zweiten Weltkrieg erlebte diese Debatte angesichts der Suche nach einem tragfähigen Ausweg aus dem gesellschaftlichen Chaos eine, freilich deutlich abgeschwächte, Neuauflage. Vor allem die Diskussion über die Verfassung des Landes Hessen ist hier hervorzuheben. Mit der Verabschiedung des Grundgesetzes einschließlich der Artikels 14 und 15 über Enteignung und Vergesellschaftung schienen schließlich alle Fragen beantwortet. Lediglich mit der Studentenbewegung um 1968, vor allem aber mit der Krise der Stahlindustrie Anfang der 1980er Jahre flammte die Diskussion mit teilweise sehr konkreten Vorstellungen zu deren Vergesellschaftung erneut auf, (vgl. Arbeitsgruppe 1981: 267-313) um dann im Zuge der neoliberalen Privatisierungsorgie in der Versenkung zu verschwinden. Im sozialistischen Lager wurden unterschiedliche praktische Wege hinsichtlich der Vergesellschaftung und der Eigentumsordnung gegangen. Dominierend in den osteuropäischen Ländern war freilich die Sichtweise des von der Sowjetunion her geprägten Marxismus-Leninismus, wonach das vorherrschende staatliche Eigentum als »Volkseigentum« galt und gemeinsam mit den Genossenschaften als »sozialistisches« Eigentum betrachtet wurde. Mit diesem sollte später der Übergang zum Kommunismus eingeleitet werden. In Jugoslawien hatte es den Versuch einer Arbeiterselbstverwaltung gegeben, der allerdings im Verlauf der 1980er Jahre eingestellt wurde. Im Rahmen von Reformbemühungen (Prager Frühling, Neue Ökonomische Politik in der DDR, Perestroika unter Michail Gorbatschow und andere) wurden auch Fragen der Gestaltung des »sozialistischen Eigentums« diskutiert, auf dauerhafter Grundlage praktisch umgesetzt wurden diese Reformen nicht.

Erst im neuen, dem 21. Jahrhundert, als erneut offenbar wurde, dass der inzwischen wieder weltweit dominierende Kapitalismus seine alten Widersprüche reproduziert und an einer nachhaltigen Lösung der Zukunftsfragen der Menschheit scheitert, wurde die Frage der Vergesellschaftung neu aufgeworfen. (Vgl. Teil II)

2.
Vergesellschaftung und Gemeineigentum bei Marx und Engels

Obwohl die Idee der Vergesellschaftung nicht nur dem Marxismus angehört, wird ihre wissenschaftliche Fundierung vor allem mit Marx und Engels verbunden. Im »Kommunistischen Manifest« schrieben sie, Kern der kommunistischen Theorie sei die »Aufhebung des Privateigentums«. (Marx/Engels 1848: 475) Nach der Machtergreifung durch das Proletariat würden der Bourgeoisie alle Produktionsinstrumente entrissen und in den »Händen des Staats, d. h. des als herrschende Klasse organisierten Proletariats zentralisiert.« (Ebenda: 481)

Aber obwohl in dieser Zuspitzung und im Begriff des Kommunismus das gemeinschaftliche Eigentum, die Vergesellschaftung im Mittelpunkt steht, so bleibt sie doch nur Mittel zum Zweck. Auf die Frage, wie die Grundidee der sozialistischen Epoche kurz und prägnant auszudrücken sei, antwortet der späte Engels mit einem anderen Zitat aus dem »Kommunistischen Manifest«: »Anstelle der alten bürgerlichen Gesellschaft mit ihren Klassen und Klassengegensätzen tritt eine Assoziation, worin die freie Entwicklung eines jeden die Bedingung für die freie Entwicklung aller ist.« (Engels 1894b: 194) Auch Marx hatte im »Kapital« »die volle und freie Entwicklung jedes Individuums« als das »Grundprinzip« einer höheren Gesellschaftsform bezeichnet. (Marx 1867b: 618) Und schon früh verkündete er sein Credo, »dass der Mensch das höchste Wesen für den Menschen sei, also [den] kategorischen Imperativ, alle Verhältnisse umzuwerfen, in denen der Mensch ein erniedrigtes, ein geknechtetes, ein verlassenes, ein verächtliches Wesen ist«. (Marx 1844a: 385)

Nicht Kommunismus oder gesellschaftliches Eigentum an sich werden als letzte Handlungsziele genannt, sondern Freiheit und Selbstbestimmung des Individuums und die Beseitigung von Ausbeutung und Unterdrückung. Der Zusammenhang zur Veränderung der Eigentumsverhältnisse ist offensichtlich; die Emanzipation der Arbeiter schließe die Befreiung der Lohnarbeiter von ihrer Eigentumslosigkeit ein; freie, assoziierte Individuen müssten Eigentümer der Produktionsmittel werden.

Dies ist jedoch nur eine ihrer Begründungsfiguren des gesellschaftlichen Eigentums. In ihr dominiert das Ziel der Emanzipation und mit dem »kategorischen Imperativ« ein moralisches, kantianisches Element, es handelt sich letztlich um ein »eschatologisches Argument«. (Hobsbawm 1999: 31) Erst viel später kommt eine ökonomietheoretische Begründung hinzu. Marx weist zwar auf frühe, gemeinsam mit Engels verfasse Schriften hin, aber die klassische Formulierung findet er erst im Zusammenhang mit den ersten Arbeiten am »Kapital«:

> »Auf einer gewissen Stufe ihrer Entwicklung geraten die materiellen Produktivkräfte der Gesellschaft in Widerspruch mit den vorhandenen Produktionsverhältnissen oder, was nur ein juristischer Ausdruck dafür ist, mit den Eigentumsverhält-

nissen, innerhalb deren sie sich bisher bewegt hatten. Aus Entwicklungsformen der Produktivkräfte schlagen diese Verhältnisse in Fesseln derselben um. Es tritt dann eine Epoche sozialer Revolution ein. [...] Eine Gesellschaftsformation geht nie unter, bevor alle Produktivkräfte entwickelt sind, für die sie weit genug ist, und neue höhere Produktionsverhältnisse treten nie an die Stelle, bevor die materiellen Existenzbedingungen derselben im Schoß der alten Gesellschaft selbst ausgebrütet worden sind.« (Marx 1857: 9)

Was hier für die Entwicklung von Gesellschaftsformationen, die Höherentwicklung von Eigentumsverhältnissen und den Menschheitsfortschritt ganz allgemein formuliert wird, findet für das kapitalistische Eigentum eine detaillierte ökonomische Begründung im »Kapital«. Hier analysiert Marx die allgemeine Tendenz der kapitalistischen Akkumulation, die Konzentration und Zentralisation des Kapitals, die Trennung von Kapitalfunktion und Kapitaleigentum, die Entwicklung von Aktiengesellschaften als Übergangsform in höhere Eigentumsverhältnisse und als materielle Vorbereitung kommunistischen Eigentums:

»Die kapitalistische Produktion erzeugt mit der Notwendigkeit eines Naturprozesses ihre eigene Negation. Es ist die Negation der Negation. Diese stellt nicht das Privateigentum wieder her, wohl aber das individuelle Eigentum auf Grundlage der Errungenschaften der kapitalistischen Ära: der Kooperation und des Gemeinbesitzes der Erde und der durch die Arbeit selbst produzierten Produktionsmittel.« (Marx 1867b: 791)*

---

* Im Text der Erstausgabe von 1867 und in der zweiten Auflage von 1872 verwendet Marx statt »Gemeinbesitz« noch »Gemeineigenthum«. (Marx 1867a: 745; vgl. MEGA II/5: 601) Für die französische Ausgabe ändert er diese Stelle dann und schreibt »la possession« statt »la propriété«, wie die wörtliche Übersetzung hätte lauten müssen. (Marx 1872ff: 342; vgl. MEGA II/7: 679.) Natürlich kannte er den Unterschied zwischen Besitz und Eigentum. Betrachtete er die Unterschiede in diesem Zusammenhang als unwichtig? War das eine theoretische Präzisierung, eine rein sti-

In dieser Formulierung kommt die Überzeugung von einer Gesetzmäßigkeit der Entwicklung von Eigentum in Richtung kommunistischer Eigentumsverhältnisse, von einer Alternativlosigkeit der Vergesellschaftung der Produktionsmittel zum Ausdruck, eine Überzeugung die bei allen späteren Differenzierungen von Marx und Engels für lange Zeit zu einem Kernelement der marxistischen Weltanschauung gehört und ihr sogar den Vorwurf einer deterministischen Geschichtsphilosophie einbrachte.

Die »Expropriation der Expropriateure« und die Schaffung gesellschaftlichen Eigentums ist nach Marx weniger »langwierig, hart und schwierig« als die Entstehung kapitalistischen Eigentums, weil es nur um die »Expropriation weniger Usurpatoren durch die Volksmasse« gehe. (Marx 1867b: 791) Viel später erwähnte Engels sogar, Marx habe ihm oft erklärt, man komme am »wohlfeilsten weg, wenn wir die ganze Bande auskaufen könnten.« (Engels 1894a: 504) Trotz dieser Formulierungen gingen die beiden Klassiker nicht davon aus, dass die Vergesellschaftung einfach sei und es mit dem politischen Akt der Enteignung getan wäre. Engels warnte den jungen marxistischen Ökonomen Conrad Schmidt, über den Übergang »zur kommunistischen Gesellschaft« zu schreiben; das sei »der schwierigste Stoff, den es gibt, weil die Bedingungen sich in einem fort ändern. Jeder neue Trust z. B. ändert sie, und von zehn zu zehn Jahren werden die Angriffspunkte total verschoben.« (Engels 1891b: 128)

---

listische Änderung oder ein bloßer Lapsus? Weil es bei ihm nirgendwo Äußerungen gibt, die eine Begründung für den Begriffswechsel liefern, soll hier nicht weiter darüber gemutmaßt werden. Ich weise nur deshalb darauf hin, weil heute in einigen Theorien zur Frage künftiger Eigentumsverhältnisse Besitz und Eigentum strikt gegenübergestellt werden und die Abschaffung des Eigentums gefordert wird. So fordert Friederike Habermann, eine der wichtigsten Vertreterinnen der Commons-Theorie in Deutschland, ziemlich apodiktisch »Besitz statt Eigentum«. (Habermann 2016: 10)

Für den weitergehenden Prozess der Vergesellschaftung gibt es zwar eine ganze Reihe von grundsätzlichen Bemerkungen, aber keine abgeschlossene Theorie des Sozialismus, des Kommunismus, der Vergesellschaftung oder des gesellschaftlichen Eigentums. Sie lehnten es bis zuletzt ab, mehr als Grundprinzipien darzulegen. In einem seiner letzten Interviews antwortete Engels auf eine entsprechende Frage:

> »... wir haben kein Endziel. Wir sind *Evolutionisten*, wir haben nicht die Absicht, der Menschheit endgültige Gesetze zu diktieren. Vorgefasste Meinungen in Bezug auf die Organisation der zukünftigen Gesellschaft im Einzelnen? Davon werden Sie bei uns keine Spur finden. Wir sind schon zufrieden, wenn wir die Produktionsmittel in die Hände der ganzen Gesellschaft gebracht haben.« (Engels 1893: 541, Hervorheb. im Orig.)

Hinzu kommt, dass ihre Anschauungen eine Entwicklung durchliefen und dies nicht nur, weil die bestehenden Verhältnisse, die sie theoretisch reflektierten, sich fortlaufend veränderten, sondern auch, weil sie ältere Anschauungen vertieften und präzisierten, gelegentlich sogar revidierten. Einzelne Äußerungen zu diesem Thema können mitunter nur als situationsbedingt verstanden werden, waren taktischer Natur oder Kompromissformulierungen. Waren sie beispielsweise in ihren frühen Schriften noch von der Notwendigkeit einer Weltrevolution ausgegangen, so erkannten sie später, dass die verschiedenen Nationen unterschiedliche Wege zu unterschiedlichen Zeiten würden gehen müssen.*

In der sozialistischen Bewegung ihrer Zeit wurden Genossenschaften häufig als das bestimmende künftige Eigentumsmodell diskutiert. Marx und Engels betonten ihre Bedeutung, wiesen aber auch auf ihre Grenzen hin:

---

* Vgl. dazu vor allem die Entwürfe eines Briefes an die russische Revolutionärin Vera Sassulitsch. (Marx 1881a: 384-406) Wie unsicher Marx in dieser Frage war, zeigt sich darin, dass er drei Entwürfe schrieb, diese aber nicht abschickte, sondern – unter Vorschützung einer Nervenkrankheit – nur sehr kurz angebunden antwortete. (Marx 1881b: 242f)

> »Die Kooperativfabriken der Arbeiter selbst sind, innerhalb der alten Form, das erste Durchbrechen der alten Form, obgleich sie natürlich überall, in ihrer wirklichen Organisation, alle Mängel des bestehenden Systems reproduzieren und reproduzieren müssen. Aber der Gegensatz zwischen Kapital und Arbeit ist innerhalb derselben aufgehoben, wenn auch zuerst nur in der Form, dass die Arbeiter als Assoziation ihr eigner Kapitalist sind, d.h. die Produktionsmittel zur Verwertung ihrer eignen Arbeit verwenden.« (Marx 1894: 456)

In einem Text für die Internationale Arbeiterassoziation qualifiziert er die Kooperativbewegung als

> »eine der Triebkräfte der gegenwärtigen Gesellschaft [...]. Ihr großes Verdienst besteht darin, praktisch zu zeigen, dass das bestehende despotische und Armut hervorbringende System der Unterjochung der Arbeit unter das Kapital verdrängt werden kann durch das republikanische und segensreiche System der Assoziation von gleichen und freien Produzenten.« (Marx 1867c: 195)

Bezogen auf zukünftige Eigentumsverhältnisse schreibt Marx vom *erneuten* Herstellen des »individuellen Eigentums« auf einer höheren Ebene (»Negation der Negation«). Damit bezieht er sich darauf, dass es in früheren Gesellschaften – vor allem beim bäuerlichen Kleineigentum vor Entstehen des Kapitalismus – bereits einmal eine Identität von Eigentum und Arbeit mit Privateigentum gegeben hat, die der Kapitalismus im Zuge der ursprünglichen Akkumulation zwar nicht gänzlich, aber weitgehend beseitigte. Nun sei diese Identität auf höherer Stufe und auf der Grundlage gesellschaftlichen Eigentums wieder herzustellen. Das heißt, im Kommunismus würden individuelles und gesellschaftliches Eigentum eine Einheit bilden. Marx' Zeitgenosse Eugen Dühring, der zeitweilig großen Einfluss in der Sozialdemokratie hatte, äußerte sich in den 1870er Jahren strikt ablehnend zu Marx' »Kapital«. Er verstand die obige Passage nicht und verhöhnte die Formulierung als »Wortspielerei«,

»Nebelwelt« und »dialektisches Rätsel«. (zitiert in Engels 1878a: 120f) Damit handelte er sich eine geharnischte Kritik von Engels im »Anti-Dühring« ein. Aber auch dieser missversteht die Marx'sche Formulierung, wenn er meint, dieses »individuelle Eigentum« beziehe sich nicht auf die Produktionsmittel, sondern auf die Produkte oder die Konsumtionsmittel. (Ebenda)

Was Marx unter der Dialektik von individuellem und gesellschaftlichen Eigentum nach einer »Expropriation der Expropriateure« und in einer »Assoziation, worin die freie Entwicklung eines jeden die Bedingung für die freie Entwicklung aller ist«, wirklich verstand, erschließt sich erst durch das Studium weiterer seiner Arbeiten. Dabei wird klar, dass tatsächlich das Individuum im Rahmen dieser Assoziation Eigentümer der Produktionsmittel ist. Diese sind »Eigentum der assoziierten Arbeiter.« Die Produktionsmittel werden damit »gesetzt als Eigentum, als der organische gesellschaftliche Leib, worin die Individuen sich reproduzieren als Einzelne, aber als gesellschaftliche Einzelne.« (Marx 1858: 723)* An anderer Stelle: »Die Erde werde »durch die freie Arbeit und den freien Genuss wieder ein wahres, persönliches Eigentum der Menschen«. (Marx 1844b: 508)

Die Frage, in welcher konkreten institutionellen Form sich die Identität von individuellem und gesellschaftlichem Eigentum herstellen sollte, oder ob es dafür überhaupt einer Institution bedürfe, ließ Marx zunächst offen. Erst im Rahmen der Analyse der Pariser Kommune konstatierte er, diese sei »die endlich entdeckte politische Form, unter der die ökonomische

* Der Gedanke der Einheit von persönlichem und gesellschaftlichem Eigentum stammt ursprünglich von Victor Considerant, einem Schüler Fouriers. Unter Hinweis auf die Eigentumsverhältnisse in Aktiengesellschaften äußerte er: »Damit also der Besitz der Gemeinde einheitlich, wie das Gut eines einzelnen genutzt werden kann, muss man das System der Zersplitterung aufgeben und zur Assoziation übergehen. An die Stelle des zersplitterten persönlichen Eigentums muss das sozialistische oder genossenschaftliche persönliche Eigentum treten.« (Considerant 1841/1975: 220f)

Befreiung der Arbeit sich vollziehen könnte.« (Marx 1871: 342) Die Kommune »wollte das individuelle Eigentum zu einer Wahrheit machen, indem sie die Produktionsmittel, den Erdboden und das Kapital [...] in bloße Werkzeuge der freien und assoziierten Arbeit verwandelt.« (Ebenda) Die konkrete Maßnahme dazu »war die Auslieferung von ... Fabriken an Arbeitergenossenschaften«. (Ebenda: 347) Und wenn »die Gesamtheit der Genossenschaften die nationale Produktion nach einem gemeinsamen Plan regeln, sie damit unter ihre eigne Leitung nehmen«, dann sei dies Kommunismus. (Ebenda: 343f) Das heißt, auf der Basis der Kommune als die politische Herrschaftsform der Arbeiterklasse würden Genossenschaften entstehen, die über die Produktionsmittel konkret verfügten und in denen die arbeitenden Individuen zugleich die Eigentümer seien. Neben der Genossenschafts-Gesamtheit soll die politische Macht mittels der Kommunen organisiert werden:

> »Die Landgemeinden eines jeden Bezirks sollten ihre gemeinsamen Angelegenheiten durch eine Versammlung von Abgeordneten in der Bezirkshauptstadt verwalten, und diese Bezirksversammlungen dann wieder Abgeordnete zur Nationaldelegation in Paris schicken; die Abgeordneten sollten jederzeit absetzbar und an die bestimmten Instruktionen ihrer Wähler gebunden sein. Die wenigen, aber wichtigen Funktionen, welche dann noch für eine Zentralregierung übrigblieben, sollten nicht [...] abgeschafft, sondern an kommunale, d.h. streng verantwortliche Beamte übertragen werden. Die Einheit der Nation sollte nicht gebrochen, sondern im Gegenteil organisiert werden durch die Kommunalverfassung.« (Ebenda: 340) »Ganz Frankreich würde sich zu selbsttätigen und sich selbst regierenden Kommunen organisieren.« (Ebenda: 545)

In den Randglossen zum Gothaer Programm der deutschen Sozialdemokratie von 1875, die nicht für eine Veröffentlichung vorgesehen waren, schreibt er fast durchweg von der »genossenschaftlichen, auf Gemeingut an den Produktionsmitteln gegründeten Gesellschaft.« (Marx 1875: 19) Er wendet sich in diesem Zusammenhang vehement gegen Formulierungen im Programmentwurf, wonach diese Genossenschaften durch den Staat oder mit Staatshilfe zu stiften seien. Allerdings ist es auch klar, dass seine Vorstellungen über die Verteilung des gesellschaftlichen Gesamtprodukts natürlich die Existenz einer zentralen Verwaltung (den Begriff des Staates vermeidet er hier) voraussetzt. Sie müsse von diesem Produkt zunächst bestimmte Fonds, zum Beispiel zur »gemeinschaftlichen Befriedigung von Bedürfnissen« (ebenda) abziehen. Marx und Engels haben nie einen Zweifel daran gelassen, dass die kommunistische Gesellschaft die marktförmige Regulierung der Produktion unter den Verhältnissen der kapitalistischen Warenproduktion durch die bewusste und planmäßige Regulierung durch die ganze Gesellschaft ersetzt, ein Gedanke, der ihr gesamtes Werk durchzieht. In einem Text von 1868 resümiert Marx seine Position dazu:

> »Landwirtschaft, Bergbau, Industrie, mit einem Wort alle Zweige der Produktion werden allmählich auf die nutzbringendste Art organisiert werden. Die *nationale Zentralisation der Produktionsmittel* [Hervorheb. im Orig.] wird die natürliche Basis der Gesellschaft werden, die sich aus der Assoziation freier und gleichgestellter, nach einem gemeinsamen Plan und rationellen Plan bewusst tätigen Produzenten zusammensetzt.« (Marx 1868: 59)

Als die russische Revolutionärin Vera Sassulitsch ihn 1881 fragte, welches Schicksal die auf Gemeineigentum beruhende russische Dorfgemeinde im Übergang zum Sozialismus in ihrem Heimatland haben werde, tat sich Marx ziemlich schwer mit einer Antwort. In einem der Briefentwürfe formulierte er seine positive Sicht auf diese Gemeinde:

> »Das Gemeineigentum an Grund und Boden bietet ihr die natürliche Basis der kollektiven Aneignung und ihr historisches Milieu, die Gleichzeitigkeit mit der kapitalistischen Produktion, bietet ihr fix und fertig dar die materiellen Bedingungen der in großem Maßstabe organisierten kollektiven Arbeit. Sie kann sich also die

von dem kapitalistischen System hervorgebrachten positiven Errungenschaften aneignen, ohne dessen Kaudinisches Joch durchschreiten zu müssen. Sie kann den parzellierten Ackerbau allmählich durch eine kombinierte und mit Hilfe von Maschinen betriebene Landwirtschaft ersetzen, [...] (und kann) der unmittelbare Ausgangspunkt des ökonomischen Systems werden, zu dem die moderne Gesellschaft tendiert ...«. (Marx 1881a: 405)

Marx weist dem Gemeineigentum der russischen Dorfgemeinde also eine zentrale Rolle auf dem Lande zu, betont aber zugleich die Bedingung dafür, nämlich die in großem Maßstab organisierte kollektive Arbeit in der kapitalistischen Produktion, über deren Umwandlung in sozialistische Produktion er hier nichts sagt. Nur wenig später fasst er gemeinsam mit Engels seine Auffassung über den Zusammenhang von russischer Dorfgemeinde und der Vergesellschaftung in industriell entwickelten Ländern zusammen: »Wird die russische Revolution das Signal einer proletarischen Revolution im Westen, so daß beide einander ergänzen, so kann das jetzige russische Gemeineigentum am Boden zum Ausgangspunkt einer kommunistischen Entwicklung dienen.« (Marx/Engels 1882: 296)

In Friedrich Engels Arbeiten zur Frage des künftigen Eigentums liegt – auch wenn er die Genossenschaftsform nicht ablehnt – im Gegensatz zu Marx der Schwerpunkt auf dem gesellschaftlichen Eigentum in Form des öffentlichen Eigentums. Marx hatte die entsprechenden Arbeiten von Engels gelesen und teilweise daran mitgearbeitet. Die folgende Formulierung von Engels hatte er also akzeptiert:

»Das Proletariat ergreift die öffentliche Gewalt und verwandelt kraft dieser Gewalt die den Händen der Bourgeoisie entgleitenden gesellschaftlichen Produktionsmittel in öffentliches Eigentum. Durch diesen Akt befreit es die Produktionsmittel von ihrer bisherigen Kapitaleigenschaft und gibt ihrem gesellschaftlichen Charakter volle Freiheit, sich durchzusetzen. Eine gesellschaftliche Produktion nach vorherbestimmtem Plan

> wird nunmehr möglich. Die Entwicklung der Produktion macht die fernere Existenz verschiedner Gesellschaftsklassen zu einem Anachronismus. In dem Maß wie die Anarchie der gesellschaftlichen Produktion schwindet, schläft auch die politische Autorität des Staats ein. Die Menschen, endlich Herren ihrer eignen Art der Vergesellschaftung, werden damit zugleich Herren der Natur, Herren ihrer selbst – frei.« (Engels 1880: 227f)

Marx und Engels hielten also genossenschaftliches und öffentliches Eigentum bei politischer Herrschaft des Proletariats gleichermaßen für relevant, unterschieden sich aber hinsichtlich der Schwerpunktsetzung. An August Bebel schreibt Friedrich Engels später:

> »Und dass wir beim Übergang in die volle kommunistische Wirtschaft den genossenschaftlichen Betrieb als Mittelstufe in ausgedehntem Maß werden anwenden müssen, daran haben Marx und ich nie gezweifelt. Nur muss die Sache so eingerichtet werden, dass die Gesellschaft, also zunächst der Staat, das Eigentum an den Produktionsmitteln behält und so die Sonderinteressen der Genossenschaft, gegenüber der Gesellschaft im Ganzen, sich nicht festsetzen können.« (Engels 1886: 426)

Hier scheint es also eine Differenz zu Marx zu geben: Genossenschaften werden als »Mittelstufe«, also Übergangsform in die »volle kommunistische Wirtschaft« verstanden, während sie in den Schriften von Marx keine solche Einordnung erfahren. Zu weiteren, noch konkreteren Aussagen über die postkapitalistischen Eigentumsverhältnisse und das gesellschaftliche Eigentum ließen sich die beiden nicht hinreißen. Sie eröffneten damit einen Raum für die Diskussionen unterschiedlicher Formen und Wege von und zum Gemeineigentum. Sollte gesamtgesellschaftliches Eigentum zunächst in der Form von Eigentum des vom Proletariat getragenen Staates entstehen oder sollte Genossenschaftseigentum dominieren, das sich quasi auf dem Weg von unten über freiwillige Assoziationsformen zu gesamtgesellschaftlichem Eigentum konstituiert? Beide Wege wurden dann, als es nach den Revolutionen in Gefolge des Ersten Weltkrieges ernst wurde, ausnehmend diskutiert und fanden in gewisser Weise Eingang in die praktische Eigentumspolitik sozialistischer Länder: Einmal in der Form des sowjetischen »Staatssozialismus« mit Staats- und genossenschaftlichem Eigentum und zum anderen in der Form der Selbstverwaltung des jugoslawischen Modells.

Marx und Engels verbanden mit der Entstehung des gesellschaftlichen Eigentums und der Herausbildung der »vollen kommunistischen Wirtschaft« die allmähliche Ausprägung einer Reihe von Wesenszügen der künftigen kommunistischen Gesellschaft: die Aufhebung der Klassenherrschaft und der Ausbeutung, das Verschwinden der bisherigen Arbeitsteilung, von Warenproduktion und Geld, das Absterben des Staates (nicht seine Abschaffung) als Machtinstrument einer Klasse, das Etablieren einer gesamtgesellschaftlichen Planung und die Entwicklung eines völlig neuen Verhältnisses von Individuum und Gesellschaft. Es komme zu einer allseitigen Entwicklung des Individuums; Arbeit wäre nicht nur Mittel zum Leben, sondern »das erste Lebensbedürfnis«. (Marx 1875: 21)

Ganz zu Beginn ihres Wirkens definierten die Klassiker des Marxismus, der Kommunismus sei »nicht ein Zustand, der hergestellt werden soll, ein Ideal, wonach die Wirklichkeit sich zu richten haben wird, sondern [...] die wirkliche Bewegung, welche den jetzigen Zustand aufhebt.« (Marx/Engels 1845: 35) Auf die Bemerkung von Engels – »Aber wir haben kein Endziel. Wir sind Evolutionisten« – war bereits hingewiesen worden. Diese Äußerung gab zwar nicht den Anstoß für den berühmten Satz von Eduard Bernstein, »was man gemeinhin Endziel des Sozialismus nennt, ist mir nichts, die Bewegung alles«, er hätte sich aber durchaus auf ihn berufen können. (Bernstein 1899: 169)*

---

* Bernstein beruft sich auf eine Marx'sche Passage im »Bürgerkrieg in Frankreich«.

Die beiden Klassiker waren sich im Klaren darüber, dass diese »wirkliche Bewegung« einer Berg- und Talfahrt mit vielem Zick-Zack, mit Versuch und Irrtum ähneln würde:

> »Proletarische Revolutionen […] kritisieren beständig sich selbst, unterbrechen sich fortwährend in ihrem eignen Lauf, kommen auf das scheinbar Vollbrachte zurück, um es wieder von neuem anzufangen, verhöhnen grausam-gründlich die Halbheiten, Schwächen und Erbärmlichkeiten ihrer ersten Versuche, scheinen ihren Gegner nur niederzuwerfen, damit er neue Kräfte aus der Erde sauge und sich riesenhafter ihnen gegenüber wieder aufrichte, schrecken stets von neuem zurück vor der unbestimmten Ungeheuerlichkeit ihrer eignen Zwecke, bis die Situation geschaffen ist, die jede Umkehr unmöglich macht«. (Marx 1852: 118)

In der Kritik am Gothaer Programm hat Marx mehrere Phasen des Kommunismus unterschieden: Eine revolutionäre, von der Diktatur des Proletariats gekennzeichnete Übergangsperiode vom Kapitalismus zum Kommunismus (Marx 1875: 28), eine »erste Phase der kommunistischen Gesellschaft« (später als Sozialismus bezeichnet) und eine »höhere Phase der kommunistischen Gesellschaft«. (Ebenda: 21) Der Unterschied der letzteren beiden Phasen liege in unterschiedlichen Verteilungsprinzipien. Obwohl Marx immer davon ausging, dass Verteilungsverhältnisse sekundär gegenüber den Produktions-, also auch den Eigentumsverhältnissen sind, geht er hier auf deren mögliche Unterschiede in den beiden Phasen der kommunistischen Gesellschaft nicht ein.

In der sozialistischen Praxis des 20. Jahrhunderts stellte sich schnell heraus, dass die Vergesellschaftung ein Prozess ist, der sich über längere Zeiträume hinziehen würde. Wladimir I. Lenin hatte diesbezüglich zwischen einer formellen, rein juristischen und einer realen Vergesellschaftung unterschieden. Der politische, juristische Akt der Schaffung sozialistischen Eigentums sei nur der Beginn eines Prozesses, in dem es darum gehen würde,

»die Produktion tatsächlich zu vergesellschaften« (Lenin 1918a: 231) und die Ausübung aller Eigentümerfunktionen durch die Arbeiter selbst zu erreichen. Obwohl Lenin den Gedanken einer Selbstermächtigung der Arbeiterklasse in dieser Frage in vielfacher Weise wiederholte, war die politische Praxis des Sozialismus mit ihren diktatorischen Zügen und von Anfang an nicht dazu angelegt, diese Richtung einzuschlagen.

Das Stufen- oder Phasenmodell der Vergesellschaftung, das im Marxismus-Leninismus auf der Grundlage der Überlegungen von Marx, Engels und Lenin entwickelt wurde, negiert zwar nicht die Rolle nationaler Besonderheiten und möglicher Abweichungen, bildet aber mit der Unterstellung eines gesetzmäßigen Gangs der Geschichte insgesamt einen viel zu starren Rahmen für eine lebensnahe Theorie über den Prozesscharakter der Vergesellschaftung. Den praktischen Test hat sie insgesamt nicht bestanden. Aber ganz abgesehen davon, dass einzelne Elemente dieser Theorie auch weiterhin Gültigkeit beanspruchen können, ist hervorzuheben, dass sie der erste Versuch war, die Vergesellschaftung, die Transformation einer Produktionsweise und den Aufbau einer neuen Gesellschaft als einen *Prozess* zu erfassen, der längerfristige und historische Dimensionen aufweist und durchaus auch Versuch und Irrtum beinhalten kann.

Die Praxis des Sozialismus hat gezeigt, dass es eine unvermittelte Identität von individuellem und gesellschaftlichem Eigentum nicht geben kann, weil kein Individuum jene Bildung, Informiertheit und Verfügungsmacht über sämtliche Produktionsmittel haben kann, die eine solche Identität erfordern würde. Individuelle Arbeit kann nicht zugleich und unmittelbar gesellschaftliche Arbeit sein, wie Marx meinte. Die Wechselwirkung zwischen Individuum und Gesellschaft bleibt auch in Zukunft widersprüchlich und bedarf institutionalisierter Vermittlungsformen. Trotz der Betonung der Freiheit des Individuums fanden die Protagonisten des realen Sozialismus im 20. Jahrhundert genügend Anknüpfungspunkte in der Theorie der Klassiker, um ihren autoritären Kurs zu rechtfertigen. Davon abgesehen haben sich im Rahmen des kapitalistischen Vergesellschaftungsprozesses Entwicklungen ergeben, die Marx und Engels so nicht vorhersehen konnten. Die Konzentration und Zentralisation der Produktion war nicht mit einem Verschwinden von Klein- und Mittelbetrieben und den Mittelklassen verbunden. Der heutige kapitalistische Staat ist in seinen reproduktiven und sozialen Funktionen mit jenem des späten 19. Jahrhunderts nicht mehr vergleichbar. Die Industriegesellschaft ist durch die Dienstleistungs- und Informationsgesellschaft abgelöst worden, die Frauenfrage, die Migrationsfrage und die Frage der Ökologie haben einen unvergleichlich höheren Stellenwert bekommen. Ob die in ihrer Struktur völlig veränderte Arbeiterklasse noch jenes heroische Subjekt der Systemüberwindung sein kann, wie es seinerzeit gezeichnet wurde, ist, wenn nicht zweifelhaft, dann zumindest umstritten.

3. Vergesellschaftung der Produktion im Kapitalismus

Marx und Engels betrachteten ihr theoretisches Wirken als auf die Entwicklung des Sozialismus von einer Utopie zur Wissenschaft gerichtet. Sozialismus ergebe sich nicht aus vorgefertigten Gedanken über eine künftige Gesellschaft, vielmehr sei er das Ergebnis des Wirkens objektiver Gesetze und ihrer Exekution im Klassenkampf. Engels empfahl, die Mittel zur Beseitigung gesellschaftlicher Missstände »nicht etwa aus dem Kopfe zu *erfinden*, sondern vermittelst des Kopfes in den vorliegenden materiellen Tatsachen der Produktion zu *entdecken*«. (Engels 1880: 210) Eine marxistisch inspirierte Bestimmung von Vergesellschaftung kann also nicht mit der Expropriation beginnen. Vielmehr muss sie von der Vergesellschaftung von Arbeit und Produktion im Kapitalismus ausgehen.

Arbeitsteilung ist eine der frühesten Methoden zur Steigerung der menschlichen Produktivkraft. Die Teilung der Arbeit zwischen Mann und Frau, zwischen erfahrenen und weniger erfahrenen Mitgliedern prähistorischer Gemeinschaften, später die Arbeitsteilung zwischen Jägern und Sammlern, zwischen Ackerbau und Viehzucht, zwischen den in der Landwirtschaft Tätigen und den Handwerkern steht am Beginn der Entwicklung spezifisch *gesellschaftlicher* Produktivkräfte. Diese existieren nicht als eine natürlich gegebene Eigenschaft von Individuen, sondern entstehen bei deren Zusammenwirken. »Das Ganze ist mehr als die Summe seiner Teile«, stellte Aristoteles fest. Hand in Hand mit der auf der Teilung der Arbeit, der Spezialisierung von Individuen auf besondere Tätigkeiten, beruhenden Produktivkraft entwickelt sich die aus der gemeinsamen, kollektiven Kraftanstrengung von Individuen – der allereinfachsten Form der Kooperation – erwachsende gesellschaftliche Produktivkraft. Produktivitätszuwächse, die sich aufgrund einer Vergrößerung des Produktionsmaßstabs ergeben, werden in der Volkswirtschaftslehre als *economies of scale* oder Skaleneffekte bezeichnet. Sie ergeben sich nicht nur durch verbesserte Möglichkeiten der Arbeitsorganisation und damit der Arbeitsersparnis, sondern auch infolge der maschinellen Massenproduktion und der daraus erwachsenden Einspar- und Rationalisierungseffekte.

Kooperation, Arbeitsteilung und Spezialisierung – die Voraussetzung für die Entwicklung eines höheren Geschicks und verbesserter Arbeitsinstrumente – geht mit wachsender Interdependenz, einer erhöhten wechselseitigen Abhängigkeit, einem Aufeinanderangewiesensein, einer stärkeren Interaktion und einem wachsenden Kommunikations- und Koordinationsbedarf einher. Arbeit schließt also von Anbeginn immer den Aspekt des Gemeinschaftlichen ein, Arbeit ist immer *ge-*

*sellschaftlicher Natur.** Sobald dieser gesellschaftliche Charakter der Arbeit den einzelnen Arbeitsprozess überschreitet und auf der Basis unterschiedlicher Eigentümer stattfindet, kommt es zur Entwicklung des Gütertauschs und schließlich zur Warenproduktion. Der Austausch der einen gegen eine andere Ware setzt die Anerkennung des jeweiligen Gebrauchswerts durch den Tauschpartner voraus. Für den Verkäufer hat sein Produkt keinen unmittelbaren Gebrauchswert, sonst würde er es nicht veräußern. Soll der Austausch oder der Verkauf gelingen, muss das Produkt einen Gebrauchswert für andere, einen gesellschaftlichen Gebrauchswert haben. Die Arbeit des Produzenten ist nicht mehr nur gesellschaftliche Arbeit im Rahmen einer kleinen Gemeinschaft, sie muss Teil der über diese Gemeinschaft hinausreichenden gesellschaftlichen Gesamtarbeit sein. Sind die Arbeitsteilung und das Privateigentum zu einer gewissen Höhe und territorialen Dichte gereift, beginnt sich mit der Intensivierung von Austausch- und Kreditbeziehungen ein allgemeines Äquivalent und schließlich das Geld herauszubilden. Seine Existenz als allgemein anerkanntes Tausch-, Zahlungs- und Wertaufbewahrungsmittel, als Wertmaß und Maßstab der Preise ist konzentrierter Ausdruck der erreichten Stufe der Vergesellschaftung der Produktion. (Vgl. dazu Müller 2015)

Die Grundtendenz von vertiefter Arbeitsteilung, Spezialisierung, Kooperation und Interdependenz, von warenförmigen Austauschprozessen setzt sich bis in unsere Gegenwart fort und hat in der Globalisierung der Produktion mit ihren internationalen Wertschöpfungsketten ihren vorläufigen Höhepunkt gefunden. Vor allem die mit der mikroelektronischen

---

* »Gesellschaftlich« versteht sich hier als gemeinschaftlich, gemeinsam und kann auch auf kleine Gruppen bezogen sein. Der Begriff der Gesellschaft kennzeichnet demgegenüber eine große, komplex strukturierte und organisierte Gemeinschaft, die aus mehreren Untergruppen und sozialen Schichten besteht.

Revolution einhergehende rasante Entwicklung der Kommunikations- und Informationstechnologie hat zu einem Schub der globalen Vernetzung geführt, für die der spanische Soziologe Manuel Castells den Begriff der *Netzwerkgesellschaft* geprägt hat. Dabei geht es hauptsächlich nicht um die mit der Digitalisierung und dem Internet entstandenen »sozialen Netzwerke« wie WhatsApp, Facebook und so weiter, sondern um das internationale Beziehungsgeflecht auf nahezu allen Ebenen des gesellschaftlichen Lebens, darin eingeschlossen die Arbeit, die Produktion und die Reproduktion. »Netzwerke bilden die neue soziale Morphologie unserer Gesellschaften, und die Verbreitung der Vernetzungslogik verändert die Funktionsweise und die Ergebnisse von Prozessen der Produktion, Erfahrung, Macht und Kultur wesentlich.« (Castells 2001: 527)

Die Untersuchung der warenförmigen Vergesellschaftung der Arbeit zeigt, dass sie kein autonomer, sich unabhängig oder außerhalb von der Gesamtheit gesellschaftlicher Zusammenhänge vollziehender Prozess ist. Auch wenn es Gesetzmäßigkeiten der Produktivkraftentwicklung und eine innere Logik des Fortschritts gibt, sind sie Resultat ökonomischer Entscheidungen und Zielvorstellungen, von denen ihre konkrete Ausgestaltung bestimmt wird. In der kapitalistischen Produktionsweise drückt das Streben nach maximaler Kapitalverwertung der Entwicklung einerseits seinen Stempel auf, andererseits erfordert diese Entwicklung, soll sie maximale Verwertung ermöglichen, immer neue Arrangements der sozialen Verhältnisse. »Die Bourgeoisie kann nicht existieren, ohne die Produktionsinstrumente, also die Produktionsverhältnisse, also sämtliche gesellschaftliche Verhältnisse fortwährend zu revolutionieren.« (Marx/Engels 1848: MEW 4, 465) Die Veränderung der gesellschaftlichen Form der Vergesellschaftung der Produktion drückt sich nicht zuletzt in Veränderungen oder Metamorphosen des Eigentums im Rahmen seines kapitalistischen Charakters aus. (Vgl. Leibiger 2022a: 96ff)

In den ersten Phasen der kapitalistischen Vergesellschaftung bildete sich mit der Konkurrenz und den Wanderungsbewegungen der Kapitale in die Anlagesphären mit dem jeweils höchsten Grad der Kapitalverwertung – der Profitrate – eine Durchschnittsprofitrate heraus. Die Einzelkapitale erzielen somit einen Profit entsprechend ihrem Anteil am gesamtgesellschaftlich angewandten Kapital. Auf diese Weise geht die Vergesellschaftung der Produktion mit dem gesellschaftlichen Charakter der Ausbeutung einher. Zwar stehen die Arbeiter eines kapitalistischen Betriebes nach wie vor dessen Eigentümern und Funktionären gegenüber, aber zugleich stehen die Arbeiter als Klasse insgesamt auch der Klasse der Kapitalisten gegenüber.

Die Konkurrenz zwischen den Kapitalen sowohl innerhalb der Wirtschaftszweige wie zwischen den Kapitalen unterschiedlicher Zweige bringt in Verbindung mit der Entwicklung der Produktivkräfte jedoch auch eine ungleiche Entwicklung hervor. Obwohl die Anzahl der Einzelkapitale durch Neugründungen und Abspaltungen im Großen und Ganzen wächst, kommt es immer wieder zu Vernichtung und Aufkauf von Kapitalen und zu ihrem unterschiedlich schnellen Wachstum. Dieser Prozess der Konzentration (Wachstum der Einzelkapitale durch Rückverwandlung von Teilen des Mehrwerts in zusätzliches Kapital) und Zentralisation (die Zusammenfassung bereits existierender Kapitale, auch als M&A = mergers and acquisitions bezeichnet) führt zur Bildung immer größerer Einzelkapitale, die zunehmend eine dominierende Stellung in der Konkurrenz einnehmen. Konzentration und Zentralisation ist eine der bestimmenden Formen kapitalistischer Vergesellschaftung, die ab einer gewissen Stufe der Produktivkraftentwicklung das Entstehen von Oligopolen und Monopolen erforderlich macht. Sollen die *economies of scale* vollständig zur Wirkung gebracht werden, sind Unternehmensgrößen und Machtkonstellationen erforderlich, die eine »freie« Konkurrenz unmöglich machen.

Bereits die Entwicklung der maschinellen Großproduktion im Zuge der industriellen Revolution des 18./19. Jahrhunderts erforderte Kapitalvorschüsse, deren Höhe die Möglichkeiten von Einzelkapitalisten oft überstiegen. Mit dem Kreditwesen und der Herausbildung von Gesellschaftskapital insbesondere in der Form der Aktiengesellschaften konnten diese Grenzen erweitert werden. Damit beginnt sich das Kapitaleigentum von der Kapitalfunktion zu trennen. Während Kreditgeber und Anteilseigner als Kapitaleigentümer Profitanteile in Form von Zinsen und Dividenden erhalten und nur noch mittelbar Einfluss auf die Produktionsentscheidungen haben, entwickeln sich die Kapitalfunktionäre zu einer Schicht kapitalistischer Manager. Umfang und Komplexität der gesellschaftlichen Produktion erfordern komplexes Wissen und Führungsfähigkeiten, die zur Herausbildung des speziellen Managerberufs führen.

Auf der anderen Seite wächst mit der Verselbständigung des Kapitaleigentums, dem Wachstum der Masse von Anteilseignern am Gesellschaftskapital und dem sich mittels des Kredit- und Bankwesens vollziehenden Einspeisung von Kapitalüberschüssen und Sparvermögen der Bevölkerung in den Verwertungsprozess die Zahl formeller Eigentümer. Selbst Lohnarbeiter werden in einem gewissen Maß zu Aktieninhabern und Kreditgebern. Obwohl heute der größte Teil des Geldvermögens bei den reichsten zehn Prozent der Bevölkerung konzentriert ist, zieht die herrschende Klasse auf diese Weise sämtliche Geldvermögen der Gesellschaft und selbst noch die kleinste Sparrücklage des ärmsten Teils Bevölkerung an sich und verwandelt es in Kapital. Große Teile der Bevölkerung scheinen Eigentümer zu sein, aber dieses Eigentum stellt nur eine formale Hülle dar, weil es nicht mit der wirklichen Ausübung von Verfügungs- und Aneignungsmacht einhergeht. Diese wird weiterhin von der Klasse der Kapitalisten ausgeübt. Karl Marx schrieb von einer »Aufhebung des Kapitals als Privateigentum innerhalb der Grenzen der kapitalistischen Produktionsweise selbst … Es ist Privatproduktion ohne die Kontrolle des Privateigentums.« (Marx 1894: MEW 25, 454)

Eine dem Stand der Vergesellschaftung der Produktion angemessene Kapitalmobilisierung und Regulation der Produktion war schon in der zweiten industriellen Revolution im letzten Drittel des 19. Jahrhunderts an die Herausbildung von Monopolen und eines »Finanzkapitals« gebunden. Es wurde erstmals von Rudolf Hilferding (Hilferding 1910) und von Wladimir I. Lenin analysiert. Dieser definierte es als »Konzentration der Produktion, daraus erwachsende Monopole, Verschmelzung oder Verwachsen der Banken mit der Industrie.« (Lenin 1916: LW 22: 229) Er verstand darunter die wechselseitige Durchdringung mit Kapitalanteilen, personellen Beziehungen und Kontrollmacht des Bankkapitals infolge ihres Informationsvorsprungs.

Heute sind die Beziehungen zwischen dem »Realsektor« des fungierenden Kapitals und dem »Finanzsektor« von neuer Qualität. Paul Windolf kreierte dafür den Begriff des Finanzmarktkapitalismus. (Windolf 2005) Es geht dabei nicht mehr nur um die Industrie; vielmehr sind alle Wirtschaftsbereiche darin einbezogen. Es sind auch nicht mehr nur Banken, die den Finanzsektor ausmachen. Dieser umfasst ein weites Spektrum unterschiedlichster Finanzunternehmen und Anlageformen. Vor einigen Jahren ergab eine Analyse der vernetzten Eigentumsverhältnisse von 43.000 Transnationalen Konzernen (TNC), dass im Kern dieses Netzwerks etwa 1.300 Unternehmen stehen, die 80 Prozent des Gesamtvermögens kontrollieren; eine »Superzelle von 147 Firmen (nahezu alle gehören zum Finanzsektor) kontrollieren immerhin noch 40 Prozent des Vermögens. (Vitale u. a. 2011) Aktuellere Untersuchungen mit verbesserten Methoden bestätigen diese Tendenz. (Vgl. Fichtner u. a. 2017) Die kapitalistische Vergesellschaftung und Vernetzung ist heute nur noch in ihren internationalen Dimensionen zu verstehen. Der Auslandsumsatz der deutschen Großkonzerne ist von 50 auf inzwischen durchschnittlich 85 Prozent ihrer Gesamtbilanz angewachsen. Eine neuere Erscheinung ist in diesem Zusammenhang das Phänomen der *Common Ownership*, bei dem verschiedene, sogar miteinander konkurrierende, Unternehmen gemeinsame Eigentümer haben. Ein erheblicher Teil der größten deutschen Unternehmen ist über gemeinsame Anteilseigner – vor allem US-amerikanische Vermögensverwalter – miteinander verbunden. »Die zunehmende Dichte der Verbindungen sowie die Größe und Diversifizierung der Vermögensverwalter könnten dafür sorgen, dass sich der Einfluss der Miteigentümer auf Unternehmensentscheidungen erhöht.« (Seldeslachts u. a. 2023: 430)

Ein wesentliches Merkmal der kapitalistischen Form der Vergesellschaftung sind die Zunahme und der Wandel in der Rolle des Staates im Reproduktionsprozess. Gegen Ende des 19. Jahrhunderts hatte der kapitalistische Staat bereits eine solche Dimension und Qualität erreicht, dass Adolf Wagner ein »Gesetz wachsender Staatstätigkeit« formulierte. (Wagner 1892: 892ff) Reichskanzler Bismarck war überzeugt, dass eine wachsende Bedeutung des Staates unumgänglich sei und verkündete 1882 in einer Reichstagsrede etwas ironisch, der »Staatssozialismus paukt sich durch.« (Vgl. Krause/Rudolph 1980: 117f) Die »Produktion« an Gesetzen, Verordnungen und Regelungen und das staatsbürokratische Umfeld der Wirtschaft wuchs auf gewaltige, schwer über- und durchschaubare Dimensionen. Die Staatsquote, die Staatsausgaben im Vergleich zum Bruttoinlandsprodukt, lag bis Ende des 19. Jahrhunderts zumeist um die 10 Prozent, hatte sich bis zu Beginn des Zweiten Weltkrieges verdreifacht und liegt gegenwärtig zwischen 30 und 50 Prozent.

Marx und Engels betrachteten den Staat als einen »Ausschuss, der die gemeinschaftlichen Geschäfte der ganzen Bourgeoisieklasse verwaltet« (Marx/Engels 1848: 464), oder, wie Engels später schrieb, als »eine wesentlich kapitalistische

Maschine, Staat der Kapitalisten, der ideelle Gesamtkapitalist.« (Engels 1880: 222) Der Staat kann nach *dieser* Leseart nie etwas anderes sein als ein Instrument der herrschenden Klasse zur Sicherung ihres Eigentums und zur Durchsetzung ihrer Interessen. Aber auch Marx und Engels wussten, dass bei aller Asymmetrie der Kräfteverhältnisse zwischen herrschender und beherrschter Klasse im Staat verschiedene, unterschiedliche und sogar gegensätzliche Klasseninteressen zur Geltung kommen können und der Arbeiterklasse es in bestimmten Fällen sogar gelingen kann, »die Macht der Regierung [...] in ihren eigenen Diener« zu verwandeln. »Sie erreicht durch einen allgemeinen Gesetzesakt, was sie durch eine Vielzahl isolierter Anstrengungen vergeblich erstreben würde.« (Marx 1867c: 194) Nicos Poulantzas hat diese Tatsache in der Formel zum Ausdruck gebracht, der Staat müsse als ein »Verhältnis« begriffen werden, »genauer als die materielle Verdichtung eines Kräfteverhältnisses zwischen Klassen und Klassenfraktionen, das sich im Staat in spezifischer Form ausdrückt.« (Poulantzas 2002: 159)

Die qualitativ veränderte Rolle des Staates im Reproduktionsprozess umfasst mehrere Aspekte: *Erstens* geht es mit seiner Hilfe wie in allen Klassengesellschaften um die Sicherung und Expansion der bestehenden Eigentumsordnung nach innen und außen.

Zweitens begannen die Staaten im Interesse der herrschenden Klasse gestaltend in Wirtschaftsprozesse und damit auch in Eigentumsverhältnisse einzugreifen. Oft verdanken große Kapitale ihre Stellung nicht zuletzt auch ihrem Einfluss auf den Staatsapparat, wie umgekehrt die Staatsbürokratie kraft ihrer politischen Macht in die private Wirtschaft hineinregiert und dazu herausgefordert wird. Eine neue *power elite* (C. Wright Mills), eine ökonomisch-politische Machtelite, usurpiert wesentliche Momente der Verfügungs- und Aneignungsmacht.

Drittens: Die zunehmende Vergesellschaftung der Produktion stellte höhere Anforderungen an allgemeine Reproduktionsbedingungen: Verkehrs- und Kommunikationsnetze, die Sicherung der Rohstoff- und Energiezufuhr oder die Entwicklung von Bildung, Wissenschaft und Technik. Selbst wenn nicht wenige dieser Bereiche auf privater, kapitalwirtschaftlicher Grundlage betrieben werden können und betrieben werden, erfordern sie einen teils erheblichen gesamtwirtschaftlichen Koordinationsaufwand und Kapitalvorschüsse, die den privatwirtschaftlichen Betrieb nicht profitabel genug erscheinen lassen.

Viertens: Mit all diesen Entwicklungen war die Herausbildung staatlichen Eigentums in verschiedenen institutionellen Formen verbunden. Dabei handelt es sich zunächst um das Eigentum an Verwaltungsvermögen in der Hand des Staates, von Teilstaaten und von Kommunen. Neben dem Verwaltungseigentum wurden aber auch produzierende, wertschöpfende Bereiche auf der Grundlage von Staatseigentum betrieben und es begann sich ein öffentlicher Produktionssektor herauszubilden.

Die mittels verschiedener Formen realisierte Verbindung der Konzernmacht mit der Macht des Staates potenziert die ökonomische Verfügungsmacht einer Kapitalelite über eigene und fremde, darunter auch staatliche Eigentumsobjekte. Die Begriffe »organisierter Kapitalismus« (Hilferding) oder »staatsmonopolistischer Kapitalismus« (Lenin) sind Versuche, diesen Wandel des Kapitalismus und seiner Eigentumsverhältnisse zu charakterisieren.

Beginnend mit der zweiten industriellen Revolution im letzten Drittel des 19. Jahrhunderts zeigte sich verstärkt auch das Erfordernis einer internationalen Regulierung, der Überschreitung nur national ausgerichteter Beeinflussung des Reproduktionsprozesses. Die Internationalisierung der Vergesellschaftung der Produktion wurde von der Gründung internationaler Wirtschaftsverbände und Behörden sowie der Schaffung eines Netzes an internationalen Abkommen und Institutionen begleitet.

Kapitalistische Vergesellschaftung, die Anpassung privater Eigentumsverhältnisse an die von den Verwertungszielen geprägten Erfordernisse der Produktivkraftentwicklung, ist Ausdruck der Anpassungsfähigkeit und Flexibilität dieses Systems. Das Wachstum der Produktivität und des gesellschaftlichen Reichtums, darunter auch die Anhebung des materiellen Lebensniveaus der arbeitenden Bevölkerung, kann jedoch nicht darüber hinwegtäuschen, dass der Kapitalismus in seinem Wesen unverändert bleibt. Die private Verfügung über die Produktionsmittel, die auf private Profitinteressen ausgerichtete Entscheidungshoheit über deren Verwendung, die unentgeltliche Aneignung des von den Arbeiterinnen und Arbeitern geschaffenen Mehrwerts bestimmen die Basis dieses Systems. Nach wie vor sind die arbeitenden Klassen von dieser Verfügung und Aneignung ausgeschlossen, sie bleiben Lohnarbeiter. Bei aller Weiterentwicklung von Wirtschafts- und parlamentarischer Demokratie ist das die Grundlage dafür, dass von einer Demokratie im Wortsinn (Volksherrschaft) keine Rede sein kann. Es bleibt bei verheerenden Wirtschaftskrisen, bei politisch destabilisierenden Expansions- und Hegemoniebestrebungen des Kapitals und bei einer fortschreitenden Zerstörung der natürlichen Umwelt.

Mit Blick auf solche Prozesse der Zerstörung kennzeichnete der westdeutsche Ökonom Heinz Jung diese Vergesellschaftungsform mit dem Begriff einer »deformierten Vergesellschaftung«. Diese äußere sich in Krisen, Disproportionen, Disparitäten und Dysfunktionalitäten der Wirtschaft. (Jung 1986: 27f)

Als Marx die Aktienunternehmen seiner Zeit als »Übergangsformen aus der kapitalistischen Produktionsweise in die kommunistische« (Marx 1894: MEW 25, 456) einordnete, überschätzte er zwar den Reifegrad dieser Entwicklung, könnte sich aber angesichts des heutigen Standes der kapitalistischen Vergesellschaftung in seiner Tendenzeinschätzung bestätigt fühlen.

4. Historische Anläufe zur Vergesellschaftung der Produktionsmittel

Schon im frühen 19. Jahrhundert hatte es Versuche gegeben, Alternativen zum kapitalistischen Privateigentum zu verwirklichen und Gemeineigentum zu schaffen. Sie waren entweder als Experimente gedacht, wie zum Beispiel Robert Owens Mustersiedlung *New Harmony* oder als Selbstorganisationen der Arbeiter und Handwerker sowie von Konsumentengruppen. Letztere waren weniger als Keimformen einer neuen Gesellschaft im Kapitalismus gegründet worden, sondern sollten der unmittelbaren Verbesserung der ökonomischen Lage ihrer Mitglieder dienen. Viele dieser Versuche im industriell-produzierenden Bereich blieben, mit einigen Ausnahmen, erfolglos und wurden wieder eingestellt. Allerdings konnten sich Wohnungs- und Konsumgenossenschaften sowie Produktionsgenossenschaften im Kleingewerbe und in der Agrarwirtschaft auch langfristig etablieren. Heute sind diese Gemeineigentumsformen, in denen neben den Genossenschaftsmitgliedern hauptsächlich Lohnarbeiter beschäftigt werden, ein fester Bestandteil des kapitalistischen Wirtschaftssystems und werden kaum als Alternative dazu betrachtet.

Eine andere Rolle spielte die Pariser Kommune von 1871, die von nicht wenigen Beteiligten als Aufbruch in eine neue Gesellschaft gesehen und betrieben wurde. Obwohl sie von eminenter politisch-historischer Bedeutung ist, richteten sich ihre wirtschaftlichen Maßnahmen zunächst vor allem auf Reformen zur Verbesserung der Lage der Arbeitenden. Zu größeren Enteignungen ist es – auch der Kürze der Existenz der Kommune geschuldet – nicht gekommen. Lediglich das brach liegende Produktivvermögen geflüchteter Kapitalisten wurde an Kooperativen übergeben.

Auch im Verlauf des 20. Jahrhunderts hat es immer wieder, auch von der Pariser Kommune inspirierte, lokale Versuche gegeben, über die Schaffung von betrieblichen Arbeiterräten und Arbeiterselbstverwaltungen Keimformen einer neuen Gesellschaft zu schaffen. (Vgl. Überblick bei Azzellini/Ness 2012) Vor allem die Umbruchphase zwischen den beiden Weltkriegen bot dafür günstige Gelegenheiten. Geradezu legendär sind die Fabrikräte in Turin 1919/20 oder die Arbeiterdemokratie während der Spanischen Republik 1936/37 geworden. Auch im Rahmen des antikolonialen Kampfes oder in der Zeit industrieller Krisen entstanden in den hochentwickelten Ländern gelegentlich Arbeiterselbstverwaltungen. Manchen dieser, auch von anarchistischen Überlegungen geprägten, Versuche lag nicht die Enteignung von Privateigentum zugrunde. Sie entstanden vielmehr parallel zum herrschenden kapitalistischen Eigentum. Auf jeden Fall sollte eine Form von Gemeineigentum geschaffen werden und so ist ihre Subsumtion unter den Begriff der Vergesellschaftung angebracht. Auch Verstaatlichungen hat es in den kapitalistischen Ländern nach dem Ersten und dem Zweiten Weltkrieg gegeben. In der Weimarer Republik und in Österreich wirkten Sozialisierungskommissionen, und es wurden Sozialisierungsgesetze verabschiedet. Zu einer Vergesellschaftung der Produktionsmittel in einer die Gesellschaft verändernden Qualität und einem größeren Umfang kam es jedoch nicht.

Einen völlig anderen Charakter hatten die im 20. Jahrhundert geschaffenen Eigentumsverhältnisse nach der Revolution in Russland und im Rahmen der realsozialistischen Staaten nach 1945, weil es hier nicht um punktuelle oder lokale, sondern um gesellschaftsumfassende Aktivitäten im Rahmen ganzer Länder ging. Immerhin umfasste das »sozialistische Weltsystem« zur Zeit seiner größten Ausdehnung in den 1980er Jahren 26 Staaten, in denen über ein Drittel der Weltbevölkerung lebte und wo etwa ein Fünftel des Bruttoinlandsprodukts der Welt erbracht wurde. Die Protagonisten dieser Bewegung empfanden dies mit einiger Berechtigung als den Beginn der Epoche des Übergangs vom Kapitalismus zum Sozialismus.

Der Auftakt erfolgte in der russischen Oktoberrevolution. Eines der ersten Dekrete der Bolschewiki betraf am 8. November 1917 die Verstaatlichung von Grund und Boden. Das Land wurde gleichzeitig denjenigen Bauern zur Nutzung übergeben, die es bestellten. Einen Monat später erfolgte die Enteignung privater Banken und einer Reihe von Infrastruktureinrichtungen. Die meisten Teile der Wirtschaft verblieben zunächst in Privathand, weil, so die Position Lenins, das russische Proletariat noch nicht über die notwendigen Erfahrungen in der Wirtschaftsleitung verfüge und geeignete Organe des Staates fehlten. Die Betriebe sollten aber unter »Arbeiterkontrolle« gestellt werden. Die Wirklichkeit des ersten Halbjahres 1918 zeigte jedoch, dass diese Kontrolle bei Beibehaltung des Privateigentums und der Führungsfunktion der jeweiligen Eigentümer nicht funktionierte und zu wirtschaftlichem Chaos führte. In vielen Fällen kam es zu spontanen Enteignungen durch die Belegschaften. Diese Lage wurde durch den Bürgerkrieg, bei dem die Unternehmer weitgehend auf der Seite der Gegner der Bolschewiki standen, noch verschärft. Die neue russische Regierung erließ deshalb im Juni 1918 ein Dekret, mit dem die Industrie komplett verstaatlicht wurde. Die neuen Eigentumsverhältnisse wurden einen Monat später im »Grundgesetz«, der Verfassung Sowjetrusslands, festgeschrieben.

Bürgerkrieg und Wirtschaftschaos hatten katastrophale Folgen für das Leben der Bevölkerung. Lenin kam gegen Ende des Bürgerkriegs 1921 zu dem Schluss, dass der »Kriegskommunismus«, der manchen Revolutionären als Versuch eines »großen Sprungs« in den Sozialismus galt, keine Berechtigung mehr hatte, und verwies in diesem Zusammenhang auf seine Überlegungen von 1918, als er von der Notwendigkeit eines »Staatskapitalismus« ausgegangen war. (Vgl. Lenin 1918b: 146ff und Lenin 1918c: 315ff) Die Einbeziehung der »kulturell am höchsten stehenden, talentvollsten, organisatorisch fähigsten Kapitalisten« sei notwendig und angesichts der Tatsache, dass die

Staatsmacht in den Händen der Sowjets und Bolschewiki liege, für den Übergang zum Sozialismus ungefährlich. (Lenin 1921: 351) Dieser Schwenk war auch der Tatsache geschuldet, dass die sozialistische Revolution in Deutschland, von der sich die Bolschewiki Unterstützung durch ein »erfahrenes« Proletariat und eine fortgeschrittene Industrie gerade auch in wirtschaftlicher Hinsicht erhofft hatten, nicht verwirklicht worden war. Im März 1921 wurde deshalb eine »Neue Ökonomische Politik« (NÖP) verkündet. Privateigentum wurde nunmehr in beschränktem Maße wieder zugelassen und marktwirtschaftliche, kapitalistische Verhältnisse erlebten, wenn auch unter staatlicher Aufsicht und Kontrolle, eine gewisse Renaissance. Obwohl Lenin von einer längeren Phase von im günstigsten Falle bis zu zwei Jahrzehnten ausging (vgl. Lenin 1923: 456), brach Stalin die NÖP Ende 1927 nicht nur aus machtpolitischen Erwägungen und wegen ihrer negativen Begleiterscheinungen ab, sondern vor allem, weil ihm zur Beschleunigung des Wachstums eine stärkere Zentralisation erforderlich schien: »Wir sind hinter den fortgeschrittenen Ländern um 50 bis 100 Jahre zurückgeblieben. Wir müssen diese Distanz in zehn Jahren durchlaufen. Entweder bringen wir das zustande, oder wir werden zermalmt.« (Stalin 1931) Wieder setzte eine weitgehende Verstaatlichung ein, der ab 1929 die Zwangskollektivierung auf dem Lande folgte. Zu Beginn der 1930er Jahre war die Neukonstituierung der Eigentumsverhältnisse weitgehend abgeschlossen.

Die Entwicklung in der Sowjetunion wurde in vieler Hinsicht beispielgebend für die Vergesellschaftungsversuche der späteren sozialistischen Länder. Während der Kapitalismus sich zuerst in Ländern entwickelte, die zu ihrer Zeit ökonomische Spitzenpositionen beim Stand der Produktivkraftentwicklung einnahmen, entstand der Sozialismus mit wenigen Ausnahmen in relativ gering entwickelten Ländern. Die russischen Revolutionäre befanden sich 1917 diesbezüglich in einem eklatanten Widerspruch zur marxistischen Theorie, wonach der Sozialismus in hochentwickelten kapitalistischen Ländern im Weltmaßstab entsteht.* Mit Ausnahme einiger weniger osteuropäischer Länder (vor allem die DDR, Polen und die Tschechoslowakei) traf diese Situation der Unterentwicklung auch auf andere Länder zu, die nach dem Zweiten Weltkrieg einen sozialistischen Entwicklungsweg gingen.

Der Kernbestand des sozialistischen Lagers bestand mehrheitlich aus Ländern, die dem Druck und dem Einfluss der Sowjetunion unmittelbar ausgesetzt waren und ihre Eigentumsverhältnisse wiesen ähnliche Züge auf. Die neuen Verhältnisse entstanden teils mit der Enteignung, durch den Ausbau einer staatlichen Beteiligung an Privatbetrieben bis hin zur vollen Verstaatlichung, durch Gründung von Genossenschaften und schließlich zu einem immer größeren Teil durch Neugründung »sozialistischer« Betriebe und Kombinate.

Außerhalb des Einflussbereichs der Sowjetunion entstanden vor allem in China und in Jugoslawien sozialistische Gesellschaften. In Jugoslawien, das sich dem Einfluss der UdSSR entzogen hatte, wurde ein anderes Sozialismusmodell, beruhend auf der Selbstverwaltung der Betriebsbelegschaften, entwickelt. Die Belegschaften wählten ihre Betriebsleitungen und sollten auch über die Gewinnverwendung entscheiden. Fand das Modell zunächst auch breite Zustimmung, so geriet diese Eigentumsform zunehmend in Widerspruch zur staatlichen Wirtschaftsplanung. Trotz mehrfacher Reformversuche und dem Ausbau der Eigenständigkeit der Betriebe wurden die Mitglieder der Belegschaften nicht zu wirklichen Eigentümern und überließen die Geschäfte den Betriebsleitungen. Desinteresse und Lethargie machten sich breit, die Wachstumsraten sanken und die Arbeitslosigkeit stieg. Streiks, aufstandsähnliche Situationen und die äußere Verschuldung destabilisierten in den 1980er Jahren das Land. Das

* Antonio Gramsci meinte 1917, es handele sich um eine Revolution gegen das »Kapital« von Karl Marx. (Gramsci 1917)

Selbstverwaltungsmodell wurde 1989 – noch vor dem »offiziellen« Ende des sozialistischen Lagers – auf gesetzlichem Wege de facto abgeschafft. (Vgl. Azzellini/Ness 2012: 216ff; Brangsch 2016: 112ff)

Zum sozialistischen Lager hinzu kamen Länder, die sich im Zusammenhang mit oder nach dem Zweiten Weltkrieg von ihren Kolonialmächten befreiten. Sie suchten die Kooperation mit der Sowjetunion, verstaatlichten Teile ihrer zumeist nur schwach entwickelten Industrie und orientierten sich an einem sozialistischen Entwicklungsmodell. Ihre Hoffnung auf schnelle Überwindung der Rückständigkeit mittels sozialistischer Konzepte und umfassender Wirtschaftshilfe durch sozialistische Länder war jedoch völlig überzogen. Ihr wirtschaftliches Niveau und das traditionelle Gesellschaftsverständnis gerieten in Widerspruch zu den neuen Eigentumsformen. Die meisten dieser Länder (Ausnahmen sind China, Kuba, Nordkorea und Vietnam) wandten sich wieder von diesem Modell ab und trieben das Entstehen kapitalistischer Eigentumsverhältnisse voran. Der ökonomische und politische Druck aus ihren ehemaligen kolonialistischen »Mutterländern«, mit denen sie auf vielfältige Weise verbunden blieben, beförderte diesen Wandel. Wirtschaftliche Unterstützung wurde nur unter der Voraussetzung einer auch eigentumspolitischen Kehrtwende gewährt.

In all den betrachteten Ländern erfolgte die Schaffung neuer, »sozialistischer« Eigentumsverhältnisse nicht aus hochentwickelten kapitalistischen Eigentumsverhältnissen heraus, sondern als ein radikaler politischer Akt der jeweils an die Macht gelangten, sich sozialistisch oder kommunistisch verstehenden oder ähnlich orientierten Kräfte. Dies betrifft sowohl die Verstaatlichungen in der Industrie wie die Bildung von Agrargenossenschaften. In der Landwirtschaft kam es zwar zunächst häufig zu Bodenreformen, das heißt zur Aufteilung des Großgrundbesitzes und zu seiner Übergabe an Kleinbauern bei Beibehaltung privaten Eigentums, aber häufig wurde dann nach wenigen Jahren eine staatlich forcierte Kollektivierung betrieben.

Die als sozialistisch etikettierten Eigentumsverhältnisse waren keineswegs durch eine Produzent-Eigentümer-Identität im Marx'schen Sinne gekennzeichnet. Die Arbeiter und Arbeiterinnen waren zwar als Teil des Volkes formal Miteigentümer des »Volkseigentums«, eine reale Verfügung über die Produktionsmittel hatten sie jedoch nicht. Es hätten verschiedene Ebenen der Verfügung in Frage kommen können, vor allem aber eine gesamtgesellschaftliche, auch territorial gegliederte, und eine betriebliche Ebene. Auf der gesamtgesellschaftlichen Ebene hätte das Volk, der assoziierte Produzent und vorgebliche Eigentümer, diese Verfügung über eine hochentwickelte Demokratie wirksam machen müssen. Der Demokratische Zentralismus, das politische Führungs- und Leitungsprinzip im Staatssozialismus, und die konkrete Form der staatlichen Planung und Leitung der Produktion verhinderten dies jedoch. Die wichtigsten Entscheidungen wurden im zentralen Partei- und Staatsapparat getroffen.

Auf der betrieblichen Ebene erstreckten sich die Mitbestimmungsrechte der unmittelbaren Produzenten selten mehr als auf Nebensächlichkeiten. Die Direktoren waren zentral eingesetzt, ein Mitspracherecht der Belegschaft in Personalfragen existierte nicht. Die sogenannten Plandiskussionen waren formale Veranstaltungen. Die Belegschaften hatten weder besonders tiefen Einblick in die zentrale Planfindung noch hatten sie Interesse an einer weitergehenden Verfügungsgewalt. So blieben die Werktätigen im Grunde Lohnarbeiter: frei von Produktionsmitteln und eingeschränkt in den demokratischen Rechten.

Wer also waren die Eigentümer des »Volkseigentums«, wenn es nicht das Volk oder »die Gesellschaft« war? Wer verfügte über die verschiedenen Eigentumsrechte? Die Analyse des Wirtschaftsmechanismus und des Systems der Planung und Leitung der Wirtschaft legen nahe, nicht von gesellschaftlichem oder Gemeineigentum, sondern von Staatseigentum zu sprechen. Allerdings ist der Staat eine Institution und keineswegs Subjekt von Eigentumsverhältnissen. Welche Subjekte oder Subjektgruppen beherrschten diesen Staat und damit auch die Eigentumsobjekte? Es war eine spezifische »Staatsklasse« (Fülberth 2014: 74), die sich aus den Funktionsträgern in Partei und Staat rekrutierte. Die Verfügung dieser Klasse über die Gegenstände des Staatseigentums unterschied sich natürlich vom Privateigentum. Formal verfügten die Angehörigen dieser Klasse über kein nennenswertes persönliches oder privates Eigentum an Produktionsmitteln.

Es war diese Staatsklasse, die gegenüber der Bevölkerungsmehrheit über alle wesentlichen Eigentumsrechte an den Objekten des Staatseigentums herrschte. Bei ihr lag die Personalhoheit bei der Besetzung der Direktorenposten, sie wies die Produktions- und Investitionsfonds zu, sie gab die Ziele der Produktion vor, sie entschied über Technologie, Absatz und sogar die Preise und sie entschied auch über die Gewinnverwendung. Die Betriebe waren zwar juristische Personen, verfügten jedoch nur über »eine wirtschaftlich-operative Selbständigkeit.« (Luft 1992: 36) Ihre Gewinne, die fast alle dem Staat zuflossen, waren neben den Steuern und Abgaben der Bevölkerung dessen wichtigste Einnahmequelle. Ein Bankrott war ausgeschlossen; fast alle Chancen und Risiken lagen beim Staat. Christa Luft spricht bezüglich der DDR von einem »einzigartigen Zwitterwesen ›Volkseigentum‹ – weder ganz Staats-, noch annähernd Privatbesitz« (Ebenda: 38), und vielleicht trifft diese Kennzeichnung als »Zwitterwesen« das Wesen der Sache am besten.

Die Mängel und Widersprüche dieses Systems waren auch in den Führungskreisen dieser Länder immer wieder Gegenstand von Diskussionen. Nahezu alle ökonomischen Reformversuche, die seit den 1950er Jahren in den europäischen sozialistischen Ländern unternommen wurden, um die wirtschaftlichen Mängel zu überwinden und die Innovationsdynamik zu steigern, waren darauf gerichtet, das starre Planungssystem zu flexibilisieren und die ökonomische Selbständigkeit der Betriebe zu stärken, das heißt, die reale Verfügungsmacht der Betriebsleitungen und ihrer Direktoren über das jeweilige Betriebsvermögen zu erhöhen. Das betraf auch die verschiedenen Reformversuche zum Beispiel in der DDR, den »Prager Frühling« in der Tschechoslowakei oder die sowjetische Perestroika unter Gorbatschow. Auf diese Versuche kann hier im Detail nicht eingegangen werden. (Vgl. unter anderem Roesler 2012: 58ff, 100ff) Aber entweder führten sie nicht zur beabsichtigten Wirkung oder wurden aus machtpolitischen Gründen abgebrochen und zurückgenommen.

Im Sozialismus des 20. Jahrhunderts wurde ignoriert, dass der Vielfalt von unterschiedlichen Produktivkräften und Betriebsweisen in den verschiedenen Wirtschaftsbereichen auch eine Vielfalt an Eigentumsverhältnissen entsprechen muss. Im Hinblick auf die Triebkräfte von Innovation, Produktivkraftentwicklung und ökologischer Nachhaltigkeit erwies sich das System als dem Kapitalismus unterlegen und verlor schließlich die Akzeptanz seiner Bevölkerung.

Das Scheitern des »realen Sozialismus« im 20. Jahrhundert wird häufig als Scheitern des kommunistischen Systems bezeichnet. Das ist einerseits richtig, weil die Klassiker des Marxismus von einer Einheit des kommunistischen Systems ausgingen, aber es ist andererseits auch falsch, weil historische Phasen dieses Systems unterschieden wurden. Nach der Eroberung der politischen Macht durch das Proletariat sollte es zunächst eine Übergangsperiode vom Kapitalismus zum Sozialismus geben. Erst dann könne zum Aufbau des Sozialismus und zu dessen weiterer Entwicklung übergegangen werden. Er trage zwar kommunistische Charakterzüge, sei aber noch kein voll entwickelter Kommunismus mit umfassender realer Vergesellschaftung. Der Sozialismus sei eine relativ eigenständige Entwicklungsphase auf dem Weg dorthin. Deshalb war in der DDR eine Zeit lang von einem »entwickelten gesellschaftlichen System des Sozialismus« die Rede. Die Übergangsphase vom Kapitalismus zum Sozialismus sei in der DDR mit dem »Sieg der sozialistischen Produktionsverhältnisse«, der Etablierung »sozialistischer Produktionsformen in allen Bereichen der Volkswirtschaft, 1962 abgeschlossen worden. (Autorenkollektiv 1969: 176f) Ab da sollte das »eigentliche ökonomische System des Sozialismus« gestaltet werden. Aber auch in diesem Rahmen gebe es noch unterschiedliche Eigentumsformen und Klassen. Erst im eigentlichen Kommunismus, der höheren Phase der kommunistischen Gesellschaft, käme es zur »Entwicklung eines einheitlichen kommunistischen Volkseigentums« auf der »Grundlage der Entwicklung und Vervollkommnung des staatlichen sozialistischen Eigentums«. (Parteihochschule 1974: 229ff) Erst dann wären die Klassen, Unterschiede zwischen Stadt und Land und zwischen körperlicher und geistiger Arbeit beseitigt. Ware und Geld seien dann verschwunden und der Übergang zur kommunistischen Selbstverwaltung durch den »neuen Menschen« vollzogen.

In China wurde ab den letzten Dekaden des vorigen Jahrhunderts ein privater Sektor in bestimmten Teilen der Wirtschaft bei Beibehaltung auch genossenschaftlichen und staatlichen Eigentums unter der Ägide der Kommunistischen Partei geschaffen. Nachdem die Volkskommunen auf dem Land aufgelöst und der Rückzug aus der Kollektivierung eingeleitet worden war (vgl. Bergmann 2004: 92; Brie 2023: 31ff) und später auch private Industriebetriebe zugelassen wurden, begann eine stürmische Entwicklung. Zwar blieb das »öffentliche Eigentum die Hauptstütze der Volkswirtschaft«, aber »verschiedene Eigentumsformen sollen sich parallel entwickeln.« (Ebenda: 96) Mit der Eigenständigkeit der Unternehmen, die ein wesentlicher Aspekt des Eigentums auch unabhängig von der juristischen Eigentumsform ist, entfalteten sich der Wettbewerb und neue

Formen eines Wechselspiels von Markt und Plan. Diese Entwicklung ist mit nicht wenigen der ökonomischen und sozialen Widersprüche verhaftet, die auch dem Kapitalismus eigen sind. Abgesehen davon, dass China in der Pro-Kopf-Produktion nach wie vor weit hinter den entwickelten Ländern zurückliegt, ist es von einem Sozialismus, bei dem die »Freiheit des Einzelnen die Voraussetzung für die Freiheit aller« ist und eine Identität von Arbeitenden und Eigentümern existiert, also eine reale Vergesellschaftung vollzogen wird, mehr als weit entfernt. Obwohl der von China begangene Weg offensichtlich geeignet ist, um unter den gegebenen Bedingungen aus der Unterentwicklung herauszukommen, ist es also offen, ob die einst angestrebten emanzipatorischen Ziele auf diese Weise verwirklicht werden können.

II.
Vergesellschaftung der Produktionsmittel im heutigen Diskurs

1.
Ist Vergesellschaftung der Produktionsmittel zeitgemäß?

Wie gezeigt, können Verstaatlichungen auch damit begründet werden, dass öffentliches Eigentum in manchen Bereichen günstiger für die Verwertung des gesellschaftlichen Gesamtkapitals ist. Eine Vergesellschaftung kann – wie im Falle von ›Deutsche Wohnen & Co. enteignen‹ – mit einer Verbesserung der Lebenslage der betreffenden Bevölkerung verbunden sein. Aber wie ist eine auf die Aufhebung des Kapitalismus gerichtete umfassende Vergesellschaftung auch heute noch zu begründen?

Generationen von Kommunisten und Sozialisten beriefen sich auf eine von Marx behauptete Gesetzmäßigkeit des Übergangs zu gesellschaftlichem Eigentum und meinten, der Punkt, an dem die bestehenden Eigentumsverhältnisse zu Fesseln der Produktivkraftentwicklung geworden seien, wäre schon längst erreicht. Aber die kapitalistischen Eigentumsverhältnisse erwiesen sich weiterhin als ein günstiger Nährboden für die Steigerung der produktiven Kräfte. Viele Staaten sind deshalb im späten 20. Jahrhundert zum Ausbau privatkapitalistischen Eigentums übergegangen.

Ist der Stand der Produktivkraftentwicklung vielleicht noch nicht reif für eine umfassende Vergesellschaftung der Produktionsmittel? Oder handelt es sich heute nur um eine der üblichen Zick-Zack-Bewegungen der Geschichte innerhalb jener Epoche des Übergangs von der einen zu einer anderen Gesellschaftsformation? Ist das Marx'sche Bild von der »der gewissen Stufe« der Entwicklung der produktiven Kräfte womöglich gänzlich verfehlt? Geht es also vielleicht eher um die *Notwendigkeit und die Möglichkeit*, der menschlichen Entwicklung eine andere Richtung zu verleihen, eine Richtung, die mit dem Begriff der Produktivkraftentwicklung, wie er im 19. Jahrhundert entwickelt worden war, nicht mehr ausreichend beschrieben werden kann? Ist womöglich eher ein Punkt erreicht, wo die Entwicklung der Produktivkräfte und des materiellen Reichtums der Menschheit gar nicht mehr im Vordergrund stehen müssen und es vielmehr – wie von John St. Mill im 19. Jahrhundert angekündigt – auf die Verteilung dieses Reichtums, seinen vernünftigen Gebrauch und die Bewahrung der Reproduktionsfähigkeit von Natur und der Gattung Mensch ankommt? Trifft also statt Marx' Bild von den »Revolutionen als Lokomotiven der Weltgeschichte« und als einer Voraussetzung für die weitere Entwicklung der Produktivkräfte eher Walter Benjamins Bild von den Revolutionen als »Griff nach der Notbremse« zu?

Beide Sichtweisen können für die Begründung der Notwendigkeit einer Vergesellschaftung der Produktionsmittel herangezogen werden. Denn jenseits dieser geschichtsphilosophischen Betrachtung ist sichtbar, dass die sozialen und globalen Widersprüche und Probleme unter kapitalistischen Eigentumsverhältnissen einer stabilen und zukunftsfähigen Menschheitsentwicklung immer weniger dienlich sind. Eine Transformation der Eigentumsverhältnisse in Richtung auf mehr Gesellschaftlichkeit wird immer dringender erforderlich. Dafür gibt es mehrere Gründe:

Erstens führt die kapitalistische Form der Vergesellschaftung selbst an das gesellschaftliche Eigentum heran. Die Konzentration und Zentralisation des Kapitals geht in Form der Kapitalgesellschaften mit einer Verbreiterung der Zahl formeller

Eigentümer einher, die keine unmittelbare Verfügungs- und Aneignungsmacht ausüben. Millionen von Aktionären sind zwar Anteilseigner, die Kapitalmacht geht aber von einer verschwindend kleinen Gruppe an Kapitalmagnaten und Finanzoligarchen aus. Diese Klassenfraktion übt die Herrschaft nicht nur über ihr eigenes, sondern auch über fremdes Eigentum aus.

Zweitens: Der Fortschritt in Wissenschaft, Bildung und Technik, auf dem die private Kapitalverwertung immer stärker beruht, ist längst nicht mehr das Ergebnis von ein paar genialen Erfinderunternehmern, die mit eigenem Kapital und auf eigenes Risiko handeln. Vielmehr ist er das Resultat vielfältigster Anstrengungen des gesellschaftlichen Gesamtarbeiters, die vor allem im Agieren des Staates ihren Ausdruck findet. Ohne diese Basis und die Bereitstellung von Leih- und Gesellschaftskapital sowie von öffentlichen Geldern haben selbst noch so kreative »Garagenerfinder oder -unternehmer« keine Chance, im globalen Innovationswettbewerb zu bestehen.

Drittens: kommt es trotz relativ eng getakteter staatlicher Regulierung immer wieder zu Krisen im Realwirtschafts- und Finanzbereich. Ohne drastische staatliche Eingriffe in das Marktgeschehen und die Kapitalverwertung, ohne die Geldpolitik der Zentralbanken, ohne Verstaatlichungen und ohne die Übernahme der Krisenkosten durch Staat und Gesellschaft würden diese Krisen noch verheerender sein, als sie es ohnehin schon sind, und würden womöglich zu sozialen Revolten führen.

Viertens: Die Entwicklung des Kapitalismus ist nach wie vor durch Ausbeutung, Entfremdung und Unfreiheit der Mehrheit der Bevölkerung gekennzeichnet. Wenn in den herrschenden Lehren davon gesprochen wird, dass Freiheit nur auf der Basis von Eigentum existieren könne, ist das nicht einmal falsch, wenn hinzugefügt würde, dass die Eigentumslosigkeit der Masse der Bevölkerung an den Produktionsmitteln eben ihre Unfreiheit einschließt. Diese Eigentumslosigkeit und die damit verbundene Entfremdung macht sie zu Ausgebeuteten und stürzt sie ohne eigenes Verschulden immer wieder in Arbeitslosigkeit und unerträgliche soziale Lagen. Hinzu kommen die Unterentwicklung in vielen Ländern der Welt und existenzielle Krisen großer Teile der Weltbevölkerung, die unter Hunger, Unterernährung, Arbeitslosigkeit und Hoffnungslosigkeit leiden.

Fünftens: Offensichtlich schafft es der Kapitalismus nicht, eine lebenswerte und nachhaltige Existenzweise zu schaffen, die im Einklang mit den Erfordernissen der Naturreproduktion, des Klimas und der Umwelt steht. Erfolge in dieser Richtung betreffen nur einzelne Aspekte des menschlichen Stoffwechsels mit der Natur, aber insgesamt ist das Zerstörungspotenzial größer geworden.

Sechstens: Die weltweite Konkurrenz zwischen global agierenden Konzernen und ganzen Nationen oder Gruppen von Nationen sind denkbar schlechte Voraussetzungen für eine friedliche Zukunft. Zeugnis dafür ist die wachsende Anzahl von kriegerischen Auseinandersetzungen und Angriffskriegen, von Bürgerkriegen und Terroranschlägen. Die diesen Konflikten, der Existenznot, dem Hunger und der Hoffnungslosigkeit geschuldete Migrations- und Flüchtlingsbewegung spricht Bände.

Mit der *Agenda 2030* hatte die UN-Generalversammlung 2015 Ziele für eine nachhaltige, friedliche und gerechtere Entwicklung formuliert. Es gehe um die Wahrung des Weltfriedens und der internationalen Sicherheit, die Durchsetzung der Menschenrechte sowie den wirtschaftlichen und sozialen Fortschritt aller Völker. Inzwischen ist klar geworden, dass diese Ziele nicht erreicht werden. Es spricht also viel dafür, dass die genannten Widersprüche und Probleme mit dem Machtgefüge und der Profitorientierung, also auch mit den Eigentumsverhältnissen im Kapitalismus in einem Zusammenhang stehen und hier sogar ihre tiefere Ursache haben. Die richtig und zeitgemäß verstandene Vergesellschaftung der Produktionsmittel könnte also ein wichtiges, wenn nicht das zentrale Instrument sein, um diese Probleme an ihrer Wurzel zu packen.

Zwei zentrale Ziele lassen sich mit einer Eigentumstransformation in Richtung Vergesellschaftung verbinden:

Die *erste Aufgabe* ist emanzipatorischer Natur und besteht in der Befreiung der Individuen von Ausbeutung und Unterordnung unter fremde Gewalt. Das bereits erwähnte kommunistische Credo von Marx, hat seine Gültigkeit behalten. Heute wird der *Capability Approach* (Befähigungs- und Verwirklichungschancenansatz) des Nobelpreisträgers Amartya Sen in seiner Theorie von Fortschritt und Gerechtigkeit viel rezipiert. »Gerechtigkeitsvorstellungen haben ihre größte Bedeutung darin, dass auf diese Weise offensichtliches Unrecht ausgemacht wird… und nicht in der Ableitung irgendeiner Formel, wie genau die Welt betrieben werden sollte.« (Sen 1999: 310) Er stellte das Kriterium auf: »Der Hauptpunkt sind unsere Verwirklichungschancen, die Art von Existenz zu führen, welche wir für uns vorziehen.« (Ebenda: 238) Sen bringt diese Fortschrittsbestimmung nicht mit einer Veränderung des Eigentumsregimes in Verbindung, aber die Ähnlichkeiten zu Marx' kategorischem Imperativ sind unverkennbar. Bezogen auf die Eigentumsverhältnisse in der Produktion geht es also immer noch um die Beseitigung der Eigentumslosigkeit der Arbeiter, die Aufhebung ihres unfreien, abhängigen Charakters als ausgebeutete Lohnarbeiter. In den heute existierenden Formen der kleinen Warenproduktion, zum Beispiel der selbständigen Handwerker oder der Freiberufler, aber auch in einigen Formen von genossenschaftlichem oder solidarischem Eigentum ist diese Identität von Arbeit und Eigentum zwar scheinbar existent, aber diese Selbständigkeit ist höchst relativ. Angesichts ihrer Einbettung in wirtschaftliche Verhältnisse und Strukturen, die von kapitalistischen und monopolistischen Groß- und Finanzunternehmen beherrscht werden, bleiben sie so wie alle

Marktteilnehmer von den Gesetzen des Marktes, der Profitwirtschaft und von ihren monopolistischen Konkurrenten beherrscht.

Die *zweite Aufgabe* ist die Beseitigung der gesellschafts- und naturzerstörenden irrationalen Züge der Produktion. Angesichts der bestehenden Irrationalität müssen die Menschen die Produktion makroökonomisch rational und vorausschauend gestalten. Selbst wenn die erste Aufgabe durch die Gründung einer Genossenschaft als gelöst betrachtet würde, bleibt diese Lösung beschränkt. Die oben angerissenen globalen Entwicklungsprobleme und eines nachhaltigen Mensch-Natur-Stoffwechsels in nationalen, gar globalen Maßstäben blieben ungelöst. Es müssen also Verhältnisse hergestellt werden, die eine solche Rationalität auf gesamtgesellschaftlicher, nationaler, aber auch internationaler Ebene zulassen. Dafür reicht die Identität von Arbeit und Eigentum nicht aus.

Die Besonderheit des kapitalistischen Eigentums liegt nicht nur in der Trennung der Arbeiter von den Produktionsmitteln (eine solche Trennung liegt auch beim Sklaven, Leibeigenen oder Fronbauern vor), sondern darin, dass die Arbeiter nicht nur frei vom Eigentum an den Produktionsmitteln, sondern selbst Eigentümer ihrer eigenen Arbeitskraft sind und als Lohnarbeiter »frei« darüber verfügen können. Diese Freiheit ist höchst relativ, denn der Nichtbesitz an Produktionsmitteln erzeugt den Zwang zum Verkauf ihrer Arbeitskraft. Eine Negation dieser Verhältnisse besteht also darin, dass der Arbeiter selbst zum Eigentümer der Produktionsmittel wird. Die Herstellung dieser Identität auf eine solche Weise, dass jeder einzelne, individualisierte Arbeiter mit seinen eigenen Produktionsmitteln arbeitet, wäre freilich ein Rückschritt in der Entwicklung der Produktivkräfte, ja, der menschlichen Gesellschaft überhaupt. So sehr dies unter bestimmten Bedingungen wünschenswert und sinnvoll wäre – zum Beispiel in unterentwickelten Ländern, wenn landlosen Bauern ein Stück Boden zur Eigenbewirtschaftung übergeben wird –, so sehr widerspräche dies auch dem Sinn einer Vergesellschaftung. Dies gilt in abgeschwächter Form auch bei einer Enteignung zugunsten einzelner Gruppen. Gruppeneigentum kann zwar als eine Form von Gemeineigentum betrachtet werden, es ist aber kein gesellschaftliches Eigentum. Vielleicht aber lassen sich Formen und Institutionen finden, unter denen auch bei einer Vergesellschaftung »von unten« eine gesamtwirtschaftliche Rationalität verwirklicht werden könnte.

2. Gegenstände des heutigen Vergesellschaftungsdiskurses

Welches Eigentum mit einer Vergesellschaftung der Produktionsmittel geschaffen werden soll, scheint aus dem Begriff hervorzugehen: gesellschaftliches Eigentum. Ist damit die Frage nach dem Inhalt der Vergesellschaftung beantwortet? Was bedeutet »gesellschaftlich« in einem solchen Kontext? Welche konkreten Eigentumsformen könnten sich hinter dem Begriff verbergen? Das kapitalistische Eigentum erfuhr vielfältige Metamorphosen und erfährt sie noch. Es liegen Jahrzehnte der Erfahrungen mit dem »sozialistischen Eigentum« und seinem Scheitern im 20. Jahrhundert vor. Können unter diesen Bedingungen die Inhalte, Wege und Resultate einer Vergesellschaftung wie zu Beginn des vorigen Jahrhunderts definiert werden? Ein »Nein« scheint auf der Hand zu liegen, aber was folgt daraus? In diesem Kapitel sollen die Frage- und Problemkreise umrissen werden, die sich im Zusammenhang mit dem Begriff der Vergesellschaftung stellen und auf die in den verschiedenen Konzeptionen (Kapitel 3 bis 5) unterschiedliche Antworten gegeben werden.

Welche Gesellschaft?

Die Bestimmung des Inhalts von Vergesellschaftung ist eng mit der Frage nach dem Charakter der Gesellschaft und deren Transformation verbunden. Eine ganze Reihe von Gesellschaftsentwürfen gibt darauf gar keine Antwort und will sie auch nicht geben. In seinem »Schwarzbuch des Kapitalismus« sagt Robert Kurz zwar den baldigen Zusammenbruch des Kapitalismus voraus, hält aber die Frage für müßig, ob die Kapitalismuskritik zu einer »gesellschaftlichen Massenbewegung« werden kann, diese »sich die gesellschaftlichen Potenzen direkt aneignet und die gesamte Reproduktion in eigener Regie betreibt« und eine »Art Gegengesellschaft« jenseits von Markt und Staat bildet. (Kurz 1999: 791) Zwar erwähnt er an einer Stelle die Perspektive eines Rätesystems, aber insgesamt geht er davon aus, »dass die Zukunftsmusik wirklich ausgespielt hat«, weil Theorie und politische Akteure einfach zu intensiv im bestehenden System verstrickt sind und – wie er meint – den erforderlichen »Bewusstseinssprung« nicht mehr vollziehen können.

Aus einer ganz anderen Perspektive lehnt es auch der bekannte neomarxistische, dem Anarchismus nahestehende Politikwissenschaftler John Holloway ab, konkrete positive Überlegungen hinsichtlich einer künftigen Gesellschaft anzustellen. Er beschreibt sehr genau, was am bestehenden System und an den Sozialismusversuchen zu kritisieren ist, was auf jeden Fall falsch wäre, und fragt schließlich: »Wie können wir also die Welt ändern, ohne die Macht zu übernehmen? Ganz wie am Anfang des Buches, wissen wir es auch am Ende nicht. […] Nicht-Wissen (ist) Teil des revolutionären Prozesses.« Er endet mit dem berühmten Credo der Zapatisten »Fragend gehen wir voran.« (Holloway 2002: 246f)

Nicht wenige Gesellschaftsentwürfe, in denen auch die Eigentumsverhältnisse eine Rolle spielen, begnügen sich damit, ihren Charakter mit solchen Vokabeln wie solidarisch, freiheitlich, gemeinschaftlich usw. zu beschreiben, also jene Charakteristika hervorzuheben, die schon beim frühen Marx zu finden sind. Aber schon in der Novemberrevolution hat sich gezeigt, wie unzureichend und vieldeutig solche Kennzeichnungen sein können. In einer politökonomischen Analyse der Vergesellschaftung des Eigentums muss aber schon nach den institutionellen Formen gefragt werden, in denen sich das neue Eigentum darstellt. Die Berliner Initiative ›Deutsche Wohnen & Co. enteignen‹ hat sich von vornherein nicht auf allgemeine Charakterisierungen beschränkt, sondern einen sehr konkreten Rahmen und eine bestimmte institutionelle und rechtliche Form vorgeschlagen, wie das neue Eigentum aussehen könnte. (Deutsche Wohnen & Co enteignen 2022: insb. 175, 292) Natürlich lässt sich mit derselben Konkretheit nicht über das gesellschaftliche Eigentum einer künftigen Gesellschaft schreiben. Aber der gegenwärtige Diskurs geht bei aller Verwurzelung in den historischen Kontroversen über die Vorstellungen der Vergangenheit doch deutlich hinaus.

Völlig offen bleibt zumeist die Frage der Vergesellschaftung und des Eigentums in internationalen, ja globalen Dimensionen. Der Rechtsphilosoph Alexander von Pechmann hat dazu ein Traktat vorgelegt, das zwar die Frage nach einer postkapitalistischen Gesellschaft nicht direkt erörtert, diese globale Dimension aber als die »Eigentumsfrage im 21. Jahrhundert« identifiziert. (von Pechmann 2021) Die ökonomischen, ökologischen und sozialen Probleme und Widersprüche seien heute globaler Natur und durch internationale Interdependenzen charakterisiert. Ihre Lösung könne deshalb auch nur auf globaler Ebene erfolgen und erforderte ein »globales Eigentum«, dessen Objekt die gesamte Erde sei. Damit komme die »Weltgesellschaft« als wirklicher Besitzer der Erde ins Spiel, und die Vereinten Nationen müssten daher zur »Person dieses Eigentums« werden. Sie seien es auf der Grundlage internationaler Verträge auf manchen Gebieten schon heute. (Ebenda: 147ff) Die Menschheit stehe somit vor der Aufgabe, einen Weltstaat zu schaffen und die »Vereinten Nationen zum einzig legitimen Forum der Deliberation, der Dezision und der Exekution zu machen, das allein die ökologischen und sozialen Herausforderungen der Menschheit des 21. Jahrhundert erfolgversprechend bearbeiten kann.« (Ebenda: 217) Man muss dem Autor nicht in allen Punkten zustimmen, aber trotz der Leerstelle im Hinblick auf die Gesellschaftsform ist es ein Verdienst, diese Frage aufgeworfen zu haben. (Vgl. auch Leibiger 2022b)

Gesellschaftliches und Gemeineigentum

Was unter gesellschaftlichem oder Gemeineigentum zu verstehen ist, war immer schon Gegenstand von Diskussionen. Die beiden Begriffe werden von manchen Autoren synonym gebraucht, andere würden Gemeineigentum zum Beispiel in Form von Genossenschaften nicht unter den Begriff des gesellschaftlichen Eigentums subsumieren. Ein Konsens über den Begriffsgebrauch oder gar eine allgemeingültige Definition existieren nicht. Ich neige dazu, »Gemeineigentum« als den übergeordneten Begriff zu betrachten und gesellschaftliches Eigentum als jene Gemeineigentumsform zu bezeichnen, bei der die ganze Gesellschaft zum Eigentümer geworden ist. Die andere Form von Gemeineigentum ist das kollektive oder Gruppeneigentum wie bei Genossenschaften oder Commons.

Wenn beim gesellschaftlichen Eigentum die Gesellschaft als Ganzes (üblicherweise in einer nationalstaatlichen Abgrenzung; es existieren aber auch *global commons* im Eigentum der Menschheit) zum Eigentümer wird, ist noch nichts Konkretes darüber ausgesagt, wie, in welchen Formen und mittels welcher Institutionen sie die Eigentümerfunktionen wahrnimmt. Wie bei der Analyse des Kapitalismus und des Sozialismus gezeigt, ist gesellschaftliches Eigentum von staatlichem Eigentum zu unterscheiden, aber ohne institutionalisierte Form kommt es nicht aus. Selbst sogenannte gemeinfreie Güter und *global common goods*, die völlig frei verfügbar sind, unterliegen einer gewissen Kontrolle, um private Aneignung und Missbrauch zu verhindern.*

Hier zeigt sich die Notwendigkeit, verschiedene Typen oder Formen von Eigentum auf makroökonomischer Ebene zu unterschieden. Neben dem Privateigentum**, dem Gruppeneigentum sowie gemeinfreien Gütern existiert öffentliches Eigentum in wiederum verschiedenen Formen: Staatseigentum im weitesten Sinne ist in Deutschland Eigentum des Bundes, der Länder (beide gehören zum Staatseigentum im engeren Sinne), aber auch das der Kommunen und ihrer Verbände. Daneben existiert öffentliches Eigentum bei öffentlichen Körperschaften in Selbstverwaltung. Das ist bei den »staatlichen« Sozialversicherungen der Fall, aber auch andere Körperschaften wie Kammern oder Stiftungen gehören dazu. Die Vielfalt dieser Formen erfordert auch eine Vielfalt von Wegen bei einem Übergang zu gesellschaftlichem Eigentum.

Sind alle Mitglieder der Gesellschaft gleichermaßen Eigentümer aller Produktionsmittel, existiert also gesellschaftliches Eigentum, gibt es keine Klassen mehr, die sich entsprechend ihrem Eigentum an Produktionsmitteln unterscheiden könnten. Die Arbeitskraft hat aufgehört, eine Ware zu sein und Ausbeutung wäre verschwunden. Es ist aber auch ein ge-

* Gemeinfreie Güter, wie zum Beispiel Teile des Wissens, bestimmte Kulturgüter und Teile der natürlichen Umwelt gehören formal niemandem, können also faktisch von allen unbeschränkt genutzt werden, sofern andere dabei nicht beeinträchtigt werden. Die Gemeinfreiheit wird in der Regel durch den Staat gewährleistet. (Vgl. dazu Leibiger 2022a: 217-220)

** Zum Privateigentum muss auch das *Gesellschaftseigentum* in Form von Kapitalgesellschaften gezählt werden, weil die Gesellschafter, indem sie Eigentumsanteile an diesen Gesellschaften halten, als Privateigentümer handeln. Sie können Stimmrechte entsprechend ihren Anteilen als Privatpersonen wahrnehmen oder wahrnehmen lassen, diese Anteile aber auch verkaufen, verleihen oder beleihen. Diese Möglichkeiten sind beim Gemeineigentum ausgeschlossen.

sellschaftliches Eigentum vorstellbar, dass *neben* anderen Eigentumsformen existiert und sich nur auf bestimmte Produktionsmittel oder Gruppen von Produktionsmitteln erstreckt. Die kapitalistische Produktionsweise mit all ihren Wesenszügen und Begleiterscheinungen ist damit nicht abgeschafft, sie ist nur partiell zurückgedrängt. Manche Theoretiker halten eine solche gemischte Wirtschaft für ein Ding der Unmöglichkeit oder betonen zumindest ihre Grenzen. (Vgl. z. B. Mattick 1974) Aber alle Wirtschaftssysteme sind irgendwie gemischte Systeme und haben sich in langwährenden historischen Prozessen, die Wandlungen im jeweiligen Mischungsverhältnis einschlossen, herausgebildet. Die Dominanz einer Form bedeutet nicht, dass alle anderen Formen ausgelöscht sind; nur so ist überhaupt die Möglichkeit der Existenz von Übergangsformen möglich.

Wie entstehen gesellschaftliches und Gemeineigentum?

Die Entstehung von Gemeinschaftseigentum in den urkommunistischen Gemeinschaften muss hier nicht thematisiert werden. Es war ein naturwüchsiger Prozess im Verlauf der Menschwerdung. Das gilt auch von der Entstehung der Allmende, die von den Dorfgemeinschaften im Zuge des Siedlungsgeschehens geschaffen wurde und, soweit sie im Zuge der Entstehung des Kapitalismus und der sogenannten ursprünglichen Akkumulation nicht beseitigt wurde, teilweise in kommunalem Eigentum fortlebt. Hier interessiert vielmehr das Entstehen von Gemeineigentum in der Gegenwart. Genossenschaftliches Gruppeneigentum entstand in der Vergangenheit fast ausschließlich durch Neugründung, indem sich zweckorientierte Gemeinschaften fanden und dafür einen Betrieb gründeten. Nur in wenigen Fällen war ihre Entstehung mit Enteignungen verbunden. Dies war der Fall bei der Pariser Kommune und der Übergabe verlassener Betriebe an Arbeiterkooperativen oder im Sozialismus des 20. Jahrhunderts in der Landwirtschaft, als vom Staat enteigneter Grund und Boden zwar zunächst in das Eigentum von Einzelbauern übergeben wurde, diese dann aber oft zwangsweise zu Genossenschaften zusammengefasst wurden und ihre Eigentumsrechte zwar nicht formal, aber real fast völlig verloren. Lediglich die wenigen, von Arbeitern und ihren Räten selbstverwalteten Industriebetriebe entstanden auf der Grundlage von Enteignungen. Staatseigentum kann durch Enteignungen entstehen (wie zum Beispiel bei den Eisenbahnen in der Bismarck-Ära); oft entstand und entsteht es jedoch durch Neugründung – wie zum Beispiel im Falle des Unternehmens Volkswagen in den 1930er Jahren oder durch Kauf wie im Falle der Rekommunalisierung einiger Versorgungsbetriebe in jüngster Zeit. Das im Zuge revolutionärer Umbrüche und der Dekolonialisierung geschaffene Staatseigentum entstand durch Enteignungen und Nationalisierungen. Gar nicht so selten werden im Falle von Krisen und Kriegen strategisch wichtige Unternehmen oder Banken verstaatlicht.

Mit diesen Ausführungen sollte klar geworden sein, dass Enteignung und Verstaatlichung und Verstaatlichung und Vergesellschaftung nicht das Gleiche sind. So handelte es sich beim sogenannten »Volkseigentum« in den ehemals sozialistischen Ländern – wie gezeigt wurde – nicht um gesellschaftliches Eigentum, sondern um Staatseigentum in einer besonderen Form. Es war eine formale, nicht eine reale Vergesellschaftung. Enteignungen oder Nationalisierungen finden auch im Kapitalismus statt und oft ist das neue Eigentum kein staatliches, sondern – wie beim Abriss ganzer Dörfer im Interesse privater Bergbaubetriebe – wiederum privates Eigentum. Die Existenz und der Ausbau staatlichen Eigentums – in Deutschland vor allem in den Formen von Bundes-, Landes- und kommunalem Eigentum sowie bei öffentlich-rechtlichen Trägern wie der Sozialversicherung – sind nichts Ungewöhnliches im Kapitalismus. Zu Beginn der 1980er Jahre verstaatlichte die französische Links-Regierung unter Präsident François Mitterrand eine ganze Reihe großer Industriekonzerne, und die Privatisierungswelle der vergangenen vierzig Jahre zeigt, welche beachtlichen Dimensionen staatliches Eigentum bis dahin angenommen hatte.

Einige Theoretiker verstehen Vergesellschaftung in der Form eines Eigentumsübergangs als eine »*Wiederaneignung*«. (Nuss 2019; Nuss 2024) Kapitalistisches Eigentum beruhe auf Aneignungs- und Enteignungsprozessen, die bis in die Gegenwart anhalten. Mit der Vergesellschaftung eigne sich die Gesellschaft wieder an, was durch gesellschaftliche Arbeit geschaffen worden sei und wovon sie faktisch enteignet wurde. Auch Horst Müller gründet sein Programm einer »emanzipierten Sozialstaatswirtschaft« (Müller 2021: 551) darauf, dass privates Eigentum »Raub am Gemeinwesen«, ein »unverdienter Einbehalt« (ebenda: 529) sei, der durch eine Fiskalrevolution zu überwinden sei. Silke van Dyk spricht vom »Privateigentum als Schuld an der Gesellschaft«. (van Dyk 2024: 131ff) Sie alle haben Marx und dessen Aneignungstheorie sowie seine These von der »Negation der Negation«, der Wiederherstellung des individuellen Eigentums auf der Grundlage des Gemeineigentums, auf ihrer Seite.

Vergesellschaftung als Prozess

Ganz prinzipiell werden drei mögliche Wege zur Schaffung von Gemeineigentum diskutiert:

Wege der Vergesellschaftung		
Demokratisierung des Eigentums	**Vergesellschaftung »von unten«**	**Vergesellschaftung »von oben«**
Sukzessive Transformation der Elemente des Bündels privater Eigentumsrechte zugunsten gesellschaftlicher Verfügungs- und Aneignungsmacht	Die Produzenten beginnen mit Vergesellschaftung »ihrer« Betriebe oder bauen eigene Betriebe außerhalb der herrschenden Strukturen auf	Priorität der Schaffung gesamtgesellschaftlichen Eigentums durch die Arbeiterbewegung bzw. antikapitalistische Kräfte

Wie in den folgenden Kapiteln gezeigt wird, sind diese Wege nicht so starr voneinander zu trennen, wie das in dieser Darstellung den Anschein hat. Oft gehen sie ineinander über und überkreuzen sich. Hier sei auch auf die Ausführungen zur Geschichte des Begriffs der Vergesellschaftung (1. Kapitel) verwiesen, weil sich dieses unterschiedliche Herangehen an die Überwindung oder Transformation kapitalistischen Eigentums schon im 19. Jahrhundert zeigte.

Alle Konzeptionen gehen von einem Prozesscharakter der Vergesellschaftung aus, also von einem Vorgang, der mehrere Schritte oder Phasen beinhaltet und mehr oder weniger Zeit erfordert. Bei sozialreformistischen Konzeptionen, die – wie zum Beispiel bei Eduard Bernstein – einen evolutionären Weg zu einer neuen Gesellschaft betonen, versteht sich das von selbst. Aber auch das revolutionäre, kommunistische Konzept beinhaltet Übergangsperioden, Stufen und Phasen der Entstehung des vollentwickelten Kommunismus. Die Vergesellschaftung beginne faktisch schon im Kapitalismus und führe in Form der Aktiengesellschaften und des Staatseigentums bis dicht an den Sozialismus heran. Sabine Nuss unterscheidet eine »kleine«, gegenwärtig vollziehbare, von einer »großen Wiederaneignung«. (Nuss, a. a. O.) Nach dem Keimformen-Konzept entstehen Commons in den Freiräumen und Nischen des heutigen Kapitalismus, verdrängen das Kapitaleigentum und werden dominant, bis es zu einem »Bruch oder Kipppunkt« kommt. (Sutterlütti/Meretz 2017: 87)

In zeitgenössischen Theorien des »demokratischen Sozialismus« wird von einer »doppelten Transformation« (Dieter Klein) ausgegangen, die Reformen und Revolutionen in einen dialektischen Zusammenhang bringt. Insofern sind die meisten heutigen Vergesellschaftungskonzeptionen nicht nur Utopien, sondern betonen die Möglichkeit erster Schritte und Einstiegsprojekte schon heute.

Voll- oder Teilsozialisierung?

Für die Klassiker des Marxismus war klar, dass es bei der Vergesellschaftung ums Ganze, um die gesamte Gesellschaft ging. Aber schon der Diskurs nach dem Ersten Weltkrieg beschränkte sich nicht auf diese Systemfrage. Ausführlich wurde über die Möglichkeit der Sozialisierung (zumeist freilich als Verstaatlichung gedacht) einzelner Unternehmen in bestimmten Wirtschaftszweigen diskutiert, ohne einen generellen Systemwechsel ins Auge zu fassen. Der Artikel 156 der Weimarer Verfassung über Vergesellschaftung war genau auf diese Möglichkeit gerichtet. Der Mehrheit ihrer Verfasser ging es genau nicht um einen Systemwechsel.

Hinsichtlich der Reichweite, der Frage, ob Teile oder die Gesamtheit der Produktionsmittel vergesellschaftet werden könnten, können drei *Typen der Vergesellschaftung* unterschieden werden.

(1) Eine Vergesellschaftung, die auf jene maßgebliche Gesamtheit der Produktionsmittel gerichtet ist, die für den Charakter der Produktionsweise entscheidend ist. Sie wird manchmal als *Vollsozialisierung* bezeichnet. Damit wird also die Umwälzung des Charakters der Produktionsweise angestrebt. Es geht dabei nicht um ausschließlich alle Produktionsmittel – Kleinunternehmen, handwerkliche Betriebe und Kooperativen würden erhalten werden –, aber es geht um die maßgeblichen Bereiche.

(2) Die Vergesellschaftung einzelner Unternehmen oder Bereiche der Wirtschaft, gelegentlich auch *Teilsozialisierung* genannt. Kriterien dafür, welche Bereiche und Unternehmen diese betreffen könnte, werden nicht nur ökonomietheoretisch bestimmt, sie sind auch Gegenstand politischer Auseinandersetzungen und Abwägungen. Gelegentlich wird eine solche Teilsozialisierung als ein erster Schritt in Richtung auf eine Vollsozialisierung verstanden. Im Mittelpunkt der Diskussion standen immer wieder Monopolunternehmen, Großkonzerne,

Banken und die Grundstoffindustrie. Begriffe wie Infrastruktursozialismus (Neckel 2022: 161ff), Plattform-Sozialismus (Muldoon 2022) oder Care-Sozialismus (Zelik 2020) zeigen schon in der Wortwahl an, um welche Bereiche es nach Meinung der jeweiligen Theoretiker bei der Vergesellschaftung vordringlich gehen sollte. In den letzten Jahren wurde zum Beispiel die Frage der Re-Kommunalisierung früher privatisierter Betriebe im Bereich von Energie, Verkehr, Wasserversorgung und ähnliches nicht nur diskutiert, sondern teilweise verwirklicht. Die Gründe dafür sind oft das Erreichen von Versorgungssicherheit zu vertretbaren Preisen, also sozialökonomische Erwägungen.* Auch wenn in diesen Fällen das Ergebnis keine Vergesellschaftung, sondern kommunales Eigentum ist, könnte dies unter Umständen Ausgangspunkt einer Variante der Vergesellschaftung sein.

(3) Das Eigentum ist ein Komplex von sozialen Verhältnissen, mit verschiedenen Seiten der Verfügung und Aneignung. In der ökonomischen Theorie wird von einem »Bündel« an Eigentumsrechten gesprochen. Es könnte durchaus als ein Schritt in Richtung auf eine Vergesellschaftung verstanden werden, wenn nicht sofort alle dieser Rechte an die Gesellschaft fielen, sondern zunächst nur einzelne davon. Schon im Prozess der kapitalistischen Vergesellschaftung trennen sich nicht nur Kapitalfunktion und Kapitaleigentum, es werden den Privateigentümern der Produktionsmittel einige dieser Rechte teilweise entzogen. Welche Rechte eingeschränkt oder ganz genommen werden, wird meist von Fall zu Fall diskutiert, immer aber entsteht eine Art »Einfallstor« durch das Interessen der Allgemeinheit geltend gemacht werden können. So müssen Unternehmen gewisse Vorgaben für die Produktion erfüllen: Einordnung in regionale oder nationale Struktur- und Ent-

* Vgl. die ausführliche Darstellung möglicher Kriterien bei Leibiger 2010: 142ff und Leibiger 2022a: 306ff

wicklungspläne, Auflagen im Gesundheits- und Umweltschutz sowie bei der technisch-organisatorischen Gestaltung der Produktion. Der Ausbau von Mitbestimmungsrechten der Belegschaften, von Verbrauchern, Bürgervertretungen und anderen demokratischen Institutionen wird unter dem Begriff der Wirtschaftsdemokratie zusammengefasst.

Die Frage der Entschädigung

Der gesellschaftliche Reichtum, auch der Bestand an Produktionsmitteln ist das Ergebnis gesellschaftlicher Arbeit. Im Kapitalismus beruht das Eigentum an den Produktionsmitteln auf Aneignungs- und Enteignungsprozessen und der Ausbeutung von Lohnarbeitern. Unter dem Aspekt einer historischen Gerechtigkeit wäre eine entschädigungslose Enteignung also durchaus gerechtfertigt. Etwas anderes schwebte im Prinzip auch den meisten Revolutionären des 19. Jahrhunderts nicht vor. Marx und Engels legten sich in dieser Frage nicht fest. Engels schrieb:

> »Ob diese *Enteignung* mit oder ohne Entschädigung erfolgt, wird großenteils nicht von uns abhängen, sondern von den Umständen [...] Eine Entschädigung sehen wir keineswegs unter allen Umständen als unzulässig an; Marx hat mir wie oft als seine Ansicht ausgesprochen, wir kämen am *billigsten* weg, wenn wir die ganze Bande auskaufen könnten.« (Engels 1894a: 503f)

Er hielt es seinerzeit nicht für opportun, die Frage, ob bei der Inbesitznahme der Produktionsmittel durch das Proletariat dieses »sofort Entschädigung dafür zahlt oder das Eigentum durch langsame Ratenzahlung ablöst [...], im Voraus und für alle Fälle beantworten zu wollen.« (Engels 1873: 282)

Nahezu alle im Rahmen von politischen Revolutionen vollzogenen Enteignungen erfolgten freilich entschädigungslos. Aber oft sind es nicht einmal die Kräfteverhältnisse, sondern ganz praktische Zwänge und Überlegungen, die zu einer Entschädigungslösung führen. An vorderster Stelle steht dabei

Frage der weiteren Einbeziehung der Angehörigen bisher herrschender Klassen in den Aufbau der neuen Gesellschaft, um gesellschaftlichen Frieden zu gewährleisten und Managementfachleute nicht zu verlieren. Als in der DDR zu Beginn der 1970er Jahre die letzten noch existierenden Privatbetriebe verstaatlicht wurden, wurden geringe Entschädigungen geleistet, die Beträge aber nur in kleinen Raten aus sogenannten Sperrkonten ausgezahlt. Manche der ehemaligen Besitzer konnten überzeugt werden, auch weiterhin in ihren Betrieben tätig zu sein.

Es hängt also in der Tat von den jeweiligen Umständen ab, wie verfahren wird. Bei einer Vollsozialisierung verbietet sich eine Entschädigung, weil die Staatshaushalte nicht nur überfordert würden und das Kapital in Geldform zumindest in Teilen ja erhalten bliebe. Bei einer Enteignung einzelner Betriebe lassen sich verschiedene Formen einer Entschädigung denken. In der Sozialisierungsdiskussion während der Novemberrevolution sind dazu die unterschiedlichsten Vorschläge gemacht worden. So schlug beispielsweise der Austro-Marxist Otto Bauer eine Entschädigung vor, die mittels einer Vermögensabgabe »aller Kapitalisten und Grundherren« finanziert werden sollte. (Bauer 1919: 6) Nach Gründung der Bundesrepublik wurde ein »Lastenausgleichfonds« geschaffen, aus dem durch Krieg und Vertreibung sowie die Währungsreform besonders Geschädigte eine gewisse Entschädigung erhielten. Der Fonds wurde durch eine Vermögens- sowie verschiedene Gewinnabgaben finanziert, eine Lösung, die der von Bauer vorgeschlagenen Regelung ziemlich nahekam.

Die neuen Eigentümer

Wer nach einer Vergesellschaftung die neuen Eigentümer sind, scheint klar zu sein: die Gesellschaft. Bei Marx sind es die »gesellschaftlichen Individuen« bzw. zunächst das Proletariat, das sich im proletarischen Staat organisiert. Seitdem wurden verschiedene Theorien über die neuen Eigentümersubjekte und ihre Organisationsformen entwickelt. Gemeinsam ist all diesen Vorstellungen, dass die Arbeitenden zu den neuen Eigentümern werden. Da es aber nicht um kleine Warenproduktion gehen soll, wo das arbeitende und zugleich produktionsmittelbesitzende Individuum sich mittels Marktbeziehungen als Teil der Gesellschaft verwirklicht, muss eine andere institutionelle Form des Zusammenschlusses der Individuen gefunden werden. In Genossenschaften sind es die Genossenschafter, die sich zusammengeschlossen haben und gemeinsam arbeiten und die Verfügungs- und Aneignungsrechte über das jeweilige Genossenschaftseigentum ausüben. Zu Beginn des 20. Jahrhunderts entwickelte sich der Rätegedanke. Die Produktionsmittel sind zwar gesellschaftliches Eigentum, ihre unmittelbare Anwendung und Verfügung liegt aber in der Hand von Räten in den jeweiligen Betrieben. Diese Räte schließen sich auf der Ebene der Wirtschaftszweige oder von Regionen zusammen und bilden übergeordnete Körperschaften bis zur Ebene der Gesamtgesellschaft hinauf. Aus der gleichen Zeit von Ende des 19., Anfang des 20. Jahrhunderts stammen die Ideen des Gewerkschaftssozialismus, des Syndikalismus und des Gildensozialismus. Hier sind es berufsständische Organisationen unterschiedlicher Couleur, von denen die Eigentumsrechte ausgeübt werden. Heute ist die Idee der Commons sehr populär, deren Mitglieder gemeinsame Besitzer ihrer Produktions- und Konsumtionsmittel sind. An dieser Stelle sollen nicht all diese Vorstellungen behandelt werden. (Vgl. dazu Notz 2012) Diejenigen, die auch heute noch eine bestimmte Geltung haben, werden in den nächsten Kapiteln behandelt.

Die Regulation des Allokationsprozesses

Die Gesellschaftlichkeit der Produktion entsteht durch innerbetriebliche Arbeitsteilung und Kooperation und durch Allokationsprozesse auf makroökonomischer Ebene. Da in warenproduzierenden, auf Privateigentum beruhenden Produktionsweisen eine im Vorhinein erfolgende gesamtwirtschaftliche Planung und Regulierung der Produktion nicht möglich ist, ohne massiv in private Eigentumsrechte einzugreifen, beruht die Allokation auf Ware-Geld-Beziehungen. Preise oder erwartete Preisbewegungen sind Signale, die von den Eigentümern ihren Produktionsentscheidungen zugrunde gelegt werden.

Da Vergesellschaftung neben emanzipatorischen Zielen auch auf eine höhere gesamtwirtschaftliche Rationalität zielt, stellt sich die Frage, wie diese unter den Bedingungen des Gemeineigentums hergestellt wird. Wie also setzt der neue Eigentümer, die Gesellschaft, dieses Ziel um? Man kommt nicht umhin, über Planung und Regulation oder Governance, also die Verwirklichung von Plänen zu sprechen. Das Erfordernis der Planung gilt ja selbst für privatwirtschaftliche und Ware-Geld-Beziehungen. Innerbetrieblich oder innerhalb von Konzernen und Konzernverbünden ist das schon längst der Fall. Private Unternehmen verlangen von den Regierungen »Planungssicherheit« für die Organisation ihres Verwertungsprozesses. Auch gesamtwirtschaftliche, staatliche Entwicklungspläne, planvolle Regulierung und Industriepolitik ist für komplexe Prozesse auch im Kapitalismus unabdingbar. Wenn einige marktradikale Ökonomen behaupten, der Staat könne über künftige Entwicklungen nicht besser Bescheid wissen als die Unternehmen und Marktteilnehmer, so verkennen sie, welche Rolle der Staat bei der Umstrukturierung der Wirtschaft bereits in der Vergangenheit spielte. Verkehrsnetze, Luftfahrt, Energiewirtschaft, Informations- und Kommunikationswirtschaft und Digitalisierung sind Beispiele dafür, wo staatliche Planung und Regulierung eine entscheidende Rolle spielte. Planung und Regulierung und Ware-Geld-Beziehungen schließen sich also nicht aus. Es ist aber auch klar, dass das Moment der Planung unter den Bedingungen gesellschaftlichen Eigentums einen anderen Stellenwert erhält, geht es doch nicht von profitorientierten, sondern von gesamtgesellschaftlichen Interessen aus.

Wie sich das die Klassiker gedacht haben (die Individuen handelten von vornherein als gesellschaftliche Subjekte, würden also die gesellschaftlichen Bedarfe quasi antizipieren), wird es in Wirklichkeit nicht gehen. Zwar stimmt es, wenn Marx schreibt, »das Gesamtprodukt« sei »ein gesellschaftliches Produkt«, und »die gesellschaftlich planmäßige Verteilung« der Arbeitszeit regele »die richtige Proportion der verschiednen Arbeitsfunktionen zu den verschiednen Bedürfnissen«, aber dass die Verhältnisse, befreit vom »Nebelschleier« der Ware-Geld-Beziehungen, »durchsichtig einfach in der Produktion sowohl als in der Distribution« seien (Marx 1867b: 93), hat sich als unzutreffend erwiesen. Der Allokationsmechanismus funktioniert auch nicht so simpel, wie manche Commons-Theoretiker meinen. Die Individuen würden – vergleichbar einem Ameisenvolk – einfach Signale ihres Bedarfs aussenden, die von anderen Individuen dann schon irgendwie aufgegriffen und in Produktionsentscheidungen umgesetzt würden (Stigmergie); eine ziemlich weltfremde Vorstellung. Dieterichs, Cockshott und andere entwickelten die Vorstellung eines »Sozialismus aus dem Rechner«, in dem die individuellen Bedarfe im Cyperspace an Zentraleinheiten übermittelt würden, in denen dann entsprechende Pläne mit Ressourcenzuweisungen errechnet würden. Aber allein die Erfassung nationaler Verflechtungsbeziehungen auf gebrauchswertmäßiger Grundlage im Rahmen der heute mit Hochleistungsrechnern erstellten Input-Output-Analyse nimmt viele Monate, teils Jahre in Anspruch.

Lenin erkannte nach der Oktoberrevolution schnell, dass der sozialistische Aufbau nicht ohne Ware-Geld-Beziehungen funktioniert. In allen sozialistischen Ländern blieben diese Beziehungen, eingebettet in komplexe Prozesse der Leitung und Planung, erhalten. Dies müsste umso mehr der Fall sein, wenn es kein umfassendes gesellschaftliches Eigentum, sondern weiterhin verschiedene Eigentümer und Eigentumsformen gibt.

Das wäre ähnlich wie im Sozialismus des 20. Jahrhunderts, nur wesentlich schneller und genauer. Man muss nicht den Standpunkt von Ludwig von Mises oder Friedrich von Hayek in der Wirtschaftsrechnungsdebatte der 1920er Jahre teilen, wonach sozialistische Planung nicht funktioniere oder zumindest nicht besser funktioniere als privatkapitalistisches Wirtschaften und diktatorischen Charakter tragen müsse, um zu sehen, wie schwierig gesellschaftliche Planung ist. Die Frage der Regulationsweise und der Planung gesellschaftlicher Produktion ist also essenziell für eine auf der Vergesellschaftung der Produktionsmittel beruhenden Gesellschaft. (Vgl. dazu u. a. Daum/Nuss 2021 und Berfelde/Blumenfeld 2024) Idealtypische Überlegungen sind freilich fehl am Platze, eher müssen dabei die schon unter den gegenwärtigen Bedingungen gemischter Wirtschaften existierenden Ansätze den Ausgangspunkt für weitere Überlegungen bilden.

3. Demokratisierung der Wirtschaft als Vergesellschaftungsschritt

Der Jurist und spätere Rätekommunist Karl Korsch hatte im Zusammenhang mit der Sozialisierungsdiskussion in der deutschen Novemberrevolution von zwei Möglichkeiten der Vergesellschaftung der Produktionsmittel geschrieben:

> »Man könne vergesellschaften, indem man Produktionsmittel dem Machtbereich des einzelnen Kapitalisten entzieht (Enteignung) und dem Machtbereich öffentlicher Funktionäre unterstellt (Verstaatlichung, Kommunalisierung und andere, noch zu behandelnde Formen). Und man könne vergesellschaften, indem man ohne Enteignung der Eigentümer den Inhalt des Privateigentums an Produktionsmitteln *innerlich umwandelt*, in-

> dem man die nach bisheriger privatrechtlicher Auffassung zum Privatvermögen der kapitalistischen Eigentümer gehörende Produktion fortschreitend als öffentlich-rechtliche Angelegenheit behandelt, deren Regelung nicht mehr dem privatrechtlichen Eigentümer kraft eigenen, privaten Rechtes allein zusteht.« (Korsch 1919: 12f, Hervorheb. durch Korsch)

In der Geschichte der Arbeiterbewegung wurden Schritte der zweiten Art als Reformismus bezeichnet und von ihrem revolutionären Zweig oft strikt abgelehnt. Als einer der Hauptvertreter gilt Eduard Bernstein. Er hatte geäußert, »in einem guten Fabrikgesetz kann mehr Sozialismus stecken als in einer Verstaatlichung von etlichen hundert Unternehmungen und Betrieben.« (Bernstein 1918: 2) Mit Blick auf die Erfahrungen des Sozialismus im 20. Jahrhundert und eingeordnet in eine sozialistische Transformationspolitik lassen sich solche Reformen aber auch als Elemente eines »radikalen Reformismus« (Hirsch 2005: 229f) bezeichnen. Rosa Luxemburg kritisierte seinerzeit zwar Eduard Bernstein und seine Ablehnung des revolutionären Weges zum Sozialismus auf das Heftigste, schrieb aber auf der anderen Seite von der Notwendigkeit einer »revolutionären Realpolitik«, die auch solche Reformen einschließe. (Luxemburg 1903: 373) Der wesentliche Unterschied besteht darin, ob solche Reformen als Schritte in Richtung auf eine sozialistische Vergesellschaftung realisiert werden, oder ob sie dem Erhalt der bestehenden Eigentumsverhältnisse dienen, ein Unterschied, der in der Praxis manchmal durchaus schwierig zu identifizieren ist. Viele sozialistische Theoretiker beharren auch heute darauf, es könne nur um die erste Form der Vergesellschaftung gehen, alles andere sei Stückwerk und genauso unrealistisch wie ein Sozialismus als gemischte Wirtschaft oder eine sozialistische Marktwirtschaft. (so z. B. Sablowski 2010: 122ff) Aber eine solch ausschließende Entgegensetzung, die letztlich von der Existenz gesellschaftlicher Idealtypen ausgeht, ist bei ihrer Umsetzung im Sozialismus des 20. Jahrhunderts gescheitert. Bernstein hatte mit der Befürwortung von *zwei* Wegen – Korsch hatte dessen Ansicht ziemlich einseitig dargestellt –, nämlich der Sozialisierung einiger Bereiche vor allem der Grundstoffindustrie und Eingriffe und Beteiligung des Staates in anderen Bereichen, eine differenzierende Sicht und schlussfolgerte: »So kann allerdings systematisch, schrittweise von den verschiedenen Seiten her der Anteil der Gesellschaft und ihre Kontrolle an der Produktion immer stärker erweitert werden.« (Bernstein 1919: 19) Fritz Naphtali entwickelte gemeinsam mit anderen in der zweiten Hälfte der 1920er Jahre im Auftrag des Allgemeinen Deutschen Gewerkschaftsbundes das Konzept der Wirtschaftsdemokratie. (Naphtali 1928) Dort wird unter anderem auf die Idee der »Industrial Democracy« von Sydney und Beatrice Webb aus dem Jahr 1897 verwiesen. Nach 1945 hatte der DGB diese Gedanken weiterentwickelt.

So wie es formale und tatsächliche Vergesellschaftung gibt und so wie im heutigen Kapitalismus Scheinselbständigkeit existiert, so kann nicht ausgeschlossen werden, dass es auch Privateigentum geben könnte, welches durch demokratische Einflussnahme, gesellschaftliche Vorgaben und Regulierungen so stark in seinem Kernbestand reguliert ist, dass von *formalem* Privateigentum gesprochen werden kann. Bei vielen Kleinaktionären ist das Eigentum an ein paar Aktien zu einem formalen Eigentum geworden, weil die Inhaber großer Anteilspakete, Aufsichtsräte und Vorstände nach eigenem Gutdünken handeln und über fremdes Eigentum verfügen. Kapitalgesellschaften, bei denen – wie zum Beispiel beim Volkswagen-Konzern – der Staat große Anteile besitzt, agieren heute profitorientiert. Könnte das Verhältnis nicht so verändert werden, dass stattdessen die Gemeinwohlorientierung dominiert? Wäre das nicht ein möglicher Schritt in Richtung auf eine Vergesellschaftung?

Die Entwicklung der Wirtschaftsdemokratie kann in verschiedenen Richtungen erfolgen. Auf der betrieblichen oder Unternehmensebene – gleichgültig in welcher Eigentumsform – kann Ausbau der Mitbestimmung der Beschäftigten, aber auch anderer Gruppen von Stakeholdern erfolgen. Dazu gehören Verbraucher, zivilgesellschaftliche Organisationen der Region oder kommunale und staatliche Institutionen. Auch durch Arbeitnehmerbeteiligung am Kapital oder Gewinnbeteiligung können demokratische Momente gestärkt werden. Zur Demokratisierung gehören auch regulierende Eingriffe in Unternehmen und Märkte im Interesse eines demokratisch bestimmten Allgemeinwohls. Und schließlich geht es auch um den Ausbau zivilgesellschaftlicher, demokratischer Einflüsse auf die staatliche Wirtschafts- und Gesellschaftspolitik.

Jeder Schritt in Richtung auf höhere Abgaben und Steuersätze bei Einkommen und Vermögen der »oberen Zehntausend« wird von diesen einer »Enteignung« gleichgesetzt. Was manchmal als primitiv anmutende Argumentation einherkommt, trägt durchaus ein Körnchen Wahrheit in sich. Auf jeden Fall aber können solche Schritte geeignet sein, der Eigentums- und Kapitalkonzentration entgegenzuwirken. Dazu gehören die Erhöhung der Spitzensteuersätze bei den Einkommen, die Erhebung von Vermögensteuern ab einer gewissen Bemessungsgrenze und eine Erbschaftsteuer in signifikanter Höhe. Thomas Piketty schreibt von einem »Triptychon der progressiven Steuer: Eigentum, Erbschaft, Einkommen« und schlägt vor, mit den gewonnenen Steuereinnahmen jedem jungen Erwachsenen eine Erstausstattung mit Kapital zu garantieren. Damit würden das Eigentum allmählich immer breiter gestreut und »Elemente eines partizipativen Sozialismus« gebildet. (Piketty 2020: 1185, 1202ff)

Ein historisch bedeutsames Beispiel für den Kampf um Eigentumsrechte ist die Mitbestimmung. In der Montanindustrie erkämpften die Gewerkschaften Mitbestimmungsrechte, die nicht nur in anderen Wirtschaftszweigen Deutschlands, sondern auch international ihresgleichen suchen. Und als der Bundestag 1976 das heutige gültige Mitbestimmungsgesetz verabschiedete, wurde das von den Unternehmerverbänden völlig zurecht als Eingriff in ihre Eigentumsrechte bezeichnet. Ihre Verfassungsklage scheiterte, weil das Grundgesetz die Gestaltung von Inhalt und Schranken des Eigentums ausdrücklich dem Gesetzgeber überantwortet, der Eingriff also verfassungsrechtlich völlig legitim war. Innerhalb der Betriebe wird eine Demokratisierung der Verfügungsmacht über Produktionsmittel auch dadurch erreicht, dass im Betriebsverfassungsrecht und im Personalvertretungsrecht des öffentlichen Dienstes die Rechte der Arbeitnehmer gestärkt werden. Im kommunalen Bereich sind von Bürgern gebildete Gremien außerhalb der Parlamente und Regierungen längst zu öffentlich anerkannten politischen Akteuren geworden. Das funktioniert nicht ohne Kampf, aber sie können auch von den herrschenden Kräften nicht mehr völlig ignoriert werden.

Auf der Grundlage des Ausbaus von Rechten der abhängig Beschäftigten erhielte auch das Instrument der Belegschaftsaktien oder analoger Konstruktionen eine neue Bedeutung. Der gelegentlich zu lesende Einwand, solche Formen der Mitarbeiterbeteiligung liefen, so wie bisher, darauf hinaus, dass die abhängig Beschäftigten damit auf Lohneinkommen zugunsten unsicherer Ertragsanteile verzichten und in eine Loyalitätsfalle gegenüber dem Kapital gelockt und dessen Verfügungsrechte über fremdes Kapital gestärkt würden, wäre unter den Bedingungen einer entschiedenen Ausdehnung und einer richtigen Ausgestaltung der Rechte abhängig Beschäftigter zwar nicht gegenstandslos, aber zumindest relativiert.

Ohne Zweifel ist das Mitbestimmungsrecht ein zweischneidiges Schwert. Mitbestimmung schließt Mitverantwortung ein. Das ist auch ein Grund dafür, dass viele Unternehmen selbst und trotz der Verfassungsklagen ihrer Verbände gegen die Mitbestimmungsgesetze in gewisser Weise damit Frieden geschlossen haben. (Höpner/Waclawczyk 2012: 14ff) Man hat in den Entscheidungsgremien der Unternehmen und

Konzerne zwar immer die Mehrheit, so dass der Einfluss der Vertreter der Arbeitnehmerseite begrenzt ist, aber man kann gegenüber den Beschäftigten immer auf die formal korrekten Abstimmungsprozedere verweisen. »Mitgegangen, mitgefangen, mitgehangen« umschreibt der Volksmund diese Konstellation. Aber gerade deshalb sind die Ausweitung von Wirtschaftsdemokratie, des Einflusses der Arbeitnehmervertreter und das Einschalten der demokratischen Öffentlichkeit in diese Entscheidungsvorgänge so wichtig. Mehr Wirtschaftsdemokratie auf der Ebene von Unternehmen und Betrieben und darüber hinaus kann eine umfassende Eigentumstransformation nicht ersetzen, sie ist aber *ein* Schritt in dieser Richtung. Bei all ihren Begrenztheiten impliziert die Unternehmensmitbestimmung nämlich seitens der Eigentümer »den Verzicht auf einen Teil der Verfügungsrechte über die Produktionsmittel und ihre Übertragung auf – in der Terminologie der Machtressourcentheoretiker – den Klassengegner.« (Ebenda: 16) Erik O. Wright schreibt davon, ein kapitalistisches Unternehmen mit einem starken Betriebsrat, der von Arbeitern und Arbeiterinnen gewählt wurde und deren Interessen durchzusetzen vermag, stelle »einen Hybrid mit kapitalistischen und sozialistischen Elementen dar. (Wright 2017: 67) Ob man schon heute von einem »Hybriden« sprechen sollte, kann bezweifelt werden, aber in vielen jüngeren Analysen dazu wird Wirtschaftsdemokratie als ein »Transformationshebel« verstanden. (Urban 2019: 215; vgl. auch einzelne Beiträge in Demirović 2018) Die beiden Stellschrauben dazu sind Reformen des Gesellschaftsrechts und des kollektiven Arbeitsrechts, insbesondere des Mitbestimmungsgesetzes.

Ein nicht weniger bedeutsamer Transformationshebel besteht in der Demokratisierung des Eigentums hinsichtlich der Verteilung von Anteilsrechten und von Stimmrechten zwischen den formalen Eigentümern. In Kapitalgesellschaften gilt im Prinzip der Grundsatz »gleicher Kapitalanteil, gleiches Stimmgewicht«. Ganz abgesehen von Sonderregelungen wird es in der Realität selbst in dieser einfachen Form nicht immer verwirklicht. Der Besitz unterschiedlich großer Aktienpakete führt zu keinem proportionalen Einfluss auf die Unternehmensentscheidungen, weil die unorganisierte Masse der kleinen Aktieninhaber sich gegenüber den Besitzern größerer Anteilspakete nicht durchzusetzen vermag. Bei hoher Streuung der Anteilsrechte reichen relativ kleine Pakete, die sich in der Hand eines oder weniger Anteilseigner befinden, um ihre Interessen durchzusetzen. Die Richtung, in der das Gesellschaftsrecht reformiert werden müsste, ist die Einführung von Höchststimmrechten für Aktienpakete ab einer bestimmten Größe, die stärkere Gewichtung der Arbeitnehmervertretung in den Entscheidungs- und Aufsichtsgremien und die Einbeziehung von dritten betroffenen und interessierten Körperschaften des jeweiligen Territoriums, von Bund, Ländern und Kommunen sowie Organen und Institutionen wie zum Beispiel von Wirtschafts- und Strukturräten, die von Vertretern der Zivilgesellschaft gebildet werden.*

Zu einer Demokratisierung von Verfügung und Aneignung gehört auch, dass die Profitorientierung durch Ziele ergänzt oder zurückgedrängt wird, die sich am Gemeinwohl orientieren. Trotz weit verbreiteter Konzepte einer *Good Corporate Governance*, nach denen die Interessen aller Stakeholder-Gruppen in der Unternehmensführung Berücksichtigung finden sollen, erweist sich die Freiwilligkeit auf diesem Gebiet als das größte Hindernis dafür, dem Interesse der Allgemeinheit zumindest eine dem Profitziel ebenbürtige Bedeutung zu geben. Sofern eine solche Orientierung nicht durch den Druck der Lohnabhängigen vermittels ihrer Interessenvertretungen zumindest ansatzweise durchgesetzt wird, bleibt nur, sie mittels staatlicher Gesetze zu erzwingen. Solche Gesetze sind eine Möglichkeit, in die Verfügungsmacht fungierender und Eigentümerkapitalisten

* Vgl. zu einem konkreten Konzept der Wirtschaftsdemokratie auch Bontrup/Marquardt 2021, Kapitel 8.

über ihr Eigentum einzugreifen. Sie werden deshalb von interessierter Seite auch jedes Mal als Eingriff in »heilige« Eigentumsrechte oder gar als Teilenteignung beklagt und bekämpft. Sie sollten aus Sicht einer progressiven Eigentumspolitik nicht geringgeschätzt werden. Gesetze zum Arbeitsschutz, zur technischen Sicherheit, zum Umweltschutz und andere Bestimmungen begrenzen die private Verfügbarkeit über das Eigentum. In Deutschland wurde ein Lieferkettengesetz verabschiedet, das Unternehmen auf die Einhaltung von Menschenrechten und Umweltschutzbedingungen über die gesamte Wertschöpfungskette verpflichten soll. Auch wenn die ursprünglichen Forderungen im Gesetzgebungsprozess verwässert wurden, ist das ein Ansatz, wie Gemeinwohlinteressen gegenüber der Profitorientierung der Unternehmen gestärkt werden können. Die Überlegungen des österreichischen Aktivisten Christian Felber zu einer »Gemeinwohlökonomie«, die sich in der Aufstellung einer unternehmerischen »Gemeinwohl-Bilanz« niederschlagen sollen (vgl. Felber 2010), haben internationale Aufmerksamkeit erfahren und könnten, würden sie mit gesetzlichen Auflagen untersetzt, den Gebrauch des Eigentums ebenfalls stärker an die Interessen der Allgemeinheit binden.

4. Genossenschaften, Arbeiterselbstverwaltung, Commonismus: Vergesellschaftung »von unten«

Der Frühsozialist Robert Owen, der im frühen 19. Jahrhundert die erste, auf genossenschaftlicher Basis beruhende »Arbeiterkolonie« gründete, versuchte damit einen ersten Schritt in Richtung auf einen Sozialismus zu machen. Das Experiment scheiterte. Die meisten seitdem entstandenen Genossenschaften hatten keinen solchen Anspruch; sie waren eher Selbsthilfeorganisationen von Arbeitern und Handwerkern. Was heute darüber hinaus unter solidarischen Wirtschaftsformen verstanden wird, hat sich ebenfalls seit längerer Zeit entwickelt. Die meisten dieser Formen entstanden nicht aus einer Enteignung kapitalistischen Privateigentums und seiner Umwandlung in Gemeineigentum, vielmehr handelte und handelt es sich um Neugründungen. In manchen Fällen schließen sich Privateigentümer zu Genossenschaften zusammen. Im Falle von Arbeiterselbstverwaltungen in einzelnen Betrieben hat es im Zuge revolutionärer Ereignisse auch Enteignungen gegeben; historisch war das eher die Ausnahme. Ich fasse sie hier alle unter der Rubrik »Vergesellschaftung von unten« zusammen, weil es sich um die Schaffung von Gemeineigentumsformen handelt. Für all diese Formen lässt sich festhalten, dass sie im Kapitalismus Bestand haben können und in die Strukturen der kapitalistisch geprägten Eigentumsordnung integriert sind. Das Gros dieser solidarischen, kollektiven oder genossenschaftlichen Eigentumsformen steht nicht außerhalb dieser Ordnung und bleibt ihr sowie in ihren marktförmigen Beziehungen in hohem Maße eingebunden. Auch wenn die Idee eines Rätekommunismus über die Ebene des Einzelbetriebes hinausgeht und auf die Umwandlung der gesamten Eigentumsstruktur zielt, ist sie eine typische Form der Vergesellschaftung »von unten«, gehört also in dieses Kapitel.

Die Idee einer Vergesellschaftung »von unten«, also nicht über den Weg der Schaffung zentralstaatlichen Eigentums, beruht auf der Ablehnung des Staates als kapitalistischem Herrschaftsinstrument. Diese Ablehnung wurde und wird auch auf den sozialistischen Staat übertragen. Anfangs, vor den ersten sozialistischen Revolutionen, wurde diese Ablehnung »nur« theoretisch begründet. Später, mit Blick auf den Staatssozialismus im 20. Jahrhundert, erhielt diese Ablehnung kräftige, empirisch unterfütterte Grundlagen. Auf das Für und Wider dieser »Vergesellschaftung von unten« wird noch genauer einzugehen sein.

Was Marx seinerzeit über die Genossenschaften feststellte, kann für viele Formen des kollektiven Eigentums zutreffen: Trotz aller Grenzen, die solche Vergesellschaftungsformen auch unter den gegenwärtigen Bedingungen aufweisen, bilden sie einen Einstieg in eine Eigentumstransformation. Das gilt selbst dann, wenn solche genossenschaftlichen Zusammenschlüsse nur aus kurzfristigen Ökonomisierungs- oder Gewinnmaximierungsgründen – wie es zum Beispiel bei vielen Beschaffungs- oder Energiegenossenschaften der Fall ist – getätigt werden. Auch in diesen Fällen beweisen sie, dass privatkapitalistisches Eigentum nicht das Non-Plus-Ultra aller Eigentumsformen ist. Selbst wenn von den vielen Anläufen, die im Rahmen dieser Bewegungen (so zum Beispiel auch der Free Software, der Open-Source-Bewegung, der Creative Common License u. a.) einige nicht erfolgreich sind oder sogar in die kapitalistische Verwertungsmaschinerie integriert werden, handelt es sich um nicht-kapitalistische Eigentumsverhältnisse. Auch bei der Entstehung des Kapitalismus hat es eine Vielzahl von Frühformen gegeben, die wieder verschwanden und überformt oder ersetzt wurden. Susanne Elsen, eine in Bozen lehrende Expertin für soziale und solidarische Ökonomie spricht bezüglich der solidarischen Wirtschaftsform von einer »lebensweltlichen Mischlogik als sozialpolitischem Potenzial.« (Elsen 2008: 107)

Allerdings: Globale Probleme wie die Natur-, Umwelt- und Klimafrage, das Ernährungs- und Wasserproblem bei immer noch wachsender Weltbevölkerung, die Unterentwicklung und daraus erwachsende globale verteilungspolitische Erfordernisse lassen sich nicht im Maßstab kleiner solidarischer Projekte auf lokaler Ebene, und noch nicht einmal auf nationaler, staatlicher Ebene allein lösen. Dazu bedarf es schon heute makroökonomischer und globaler Ansätze und des Ein- und Zugriffes in tradierte Machtgefüge mit dem Großkapital als deren Basis. Eine globale Wende bedarf also sowohl des Staates und überstaatlicher Institutionen und Netzwerke als auch des Zugriffs auf das kapitalistische Eigentum. Lösungen dieser Fragen müssen heute, nicht erst in der Zukunft gefunden werden. Eine Vernetzung der Vergesellschaftungsformen von unten ist nicht nur sinnvoll, sondern sogar notwendig, aber sie allein entfaltet nicht die in absehbarer Zeit für die Lösung der genannten Probleme notwendige Wucht. Ob, wann und unter welchen Bedingungen solche vernetzten Formen verschiedener Ebenen zu einer dominierenden Form des Eigentums werden könnten, ist völlig offen.

Genossenschaften

Genossenschaften haben längst keinen Experimentalstatus mehr, sie sind eine der Hauptformen gemeinwirtschaftlichen Eigentums geworden. Sie beruhen auf dem freiwilligen, selbstorganisierten Zusammenschluss von Mitgliedern, die bezüglich der jeweiligen Eigentumsobjekte – z. B. Betriebe, Agrarunternehmen oder Häuser – die Verfügungs- und Aneignungsmacht gemeinsam ausüben. Zwar bringen die Mitglieder Anteile in die Genossenschaft ein, aber anders als bei Kapitalgesellschaften üben sie ihre Stimmrechte nicht entsprechend deren Höhe, sondern als Einzelpersonen aus. Genossenschaftliches Eigentum ist kollektives Eigentum, welches nach dem Prinzip *eine Person = eine Stimme* demokratisch organisiert ist. Der Genossenschaftsgedanke hat sowohl bürgerlich-liberale wie sozialistische Quellen. Wie erwähnt, ging es zumeist nicht um einen alternativen Gesellschaftsentwurf in Opposition zum Kapitaleigentum, sondern um Selbsthilfeorganisationen der Arbeiterklasse und des Kleinbürgertums. Schon 1889 wurde ein Genossenschaftsgesetz erlassen, was ihre nicht geringe Bedeutung zeigt. Man schätzt, dass die Zahl der Genossenschaften im Deutschen Reich von 1890 bis 1900 von etwa 6.800 auf 18.000 anwuchs und sich bis 1920 nochmals mehr als verdoppelte. (Wissenschaftliche Dienste 2018: 7) Demgegenüber nimmt sich ihre heutige Zahl eher bescheiden aus und sie hat sich im Verlauf der letzten Jahrzehnte weiter vermindert. Noch 1980 existierten fast 12.000; inzwischen ist ihre Zahl auf etwa 7.500 geschrumpft. In der jüngsten Zeit kam es zu einem leichten Zuwachs durch Gründung vor allem von Energiegenossenschaften zur lokalen Produktion und Nutzung regenerativer Energien – oft auf Initiative von Kommunen – sowie von Beschaffungsgenossenschaften im Bereich der niedergelassenen Ärzte. Teilweise wurde etwas euphorisch sogar von einem Gründungsboom gesprochen. Insgesamt und langfristig aber sanken die Zahlen.

In nicht wenigen Ländern ist das Genossenschaftswesen bedeutsamer als hierzulande. Und in manchen Regionen der Entwicklungs- oder Schwellenländer – hier ist vor allem Südamerika zu nennen – sind sie für manche Dorfgemeinde von geradezu existenzieller Bedeutung. In China ist das Hightech-Unternehmen Huawei – wenn auch stark vom Staat abhängig – genossenschaftlich organisiert. Aber auch in einigen hochentwickelten Industrieländern spielen Genossenschaften eine größere Rolle als in Deutschland. In Spanien, Italien und in Portugal hat die Förderung von Genossenschaften Verfassungsrang. (Embshoff/Giegold 2008: 18) Die international wohl größte Genossenschaft, die spanische Mondragon-Gruppe ist mit einer Mitarbeiterzahl um die 80.000 in verschiedenen Ländern und einem Milliardenumsatz das siebtgrößte Unternehmen Spaniens. Erwähnenswert sind auch die israelischen Kibbuzim, die ursprünglich mit dem Ziel eines Ausstiegs aus der kapitalistischen Profitwirtschaft gegründet wurden. Ihre Bedeutung für die israelische Wirtschaft ging stark zurück.

Die innere Ausgestaltung der Eigentumsverhältnisse von Genossenschaften variiert stark. Der genossenschaftliche Zusammenschluss von Unternehmen und Selbständigen erfolgt oft, um gemeinsam Marketing, Beschaffung und Absatz zu organisieren. Die beteiligten Unternehmen bleiben Privatunternehmen. Konsumgenossenschaften wurden von Arbeitern als

Selbsthilfeorganisationen gegründet, um günstiger einkaufen und die Güter zu »fairen« Preisen erwerben zu können. Auch Wohnungsgenossenschaften dienen dazu, sich vom privatwirtschaftlich dominierten Immobilien- und Wohnungsmarkt unabhängig zu machen. Die Mitarbeiter und Mitarbeiterinnen selbst stehen in einem Lohnverhältnis. Von diesen Formen sind Produktivgenossenschaften zu unterschieden, in denen tatsächlich die Einheit von Arbeit und Eigentum praktiziert wird. Trotz all dieser Unterschiede sind Genossenschaften seit ihrer Gründung ein Beweis dafür, dass viele Bereiche der Wirtschaft ohne Privateigentum funktionieren. Die Überlebenschancen in ihren jeweiligen Aktionsfeldern sind auch keineswegs geringer als die von Privatunternehmen. Das berühmte Verdikt Franz Oppenheimers, wonach erfolgreiche Genossenschaften früher oder später wie kapitalistische Unternehmen agieren und aufhörten, eine Produktionsgenossenschaft zu sein – die sogenannte Instabilitätsthese (vgl. Notz 2021: 69f) –, stimmt zwar in mancher Hinsicht. Das betrifft ihr Agieren am Markt und das Verhältnis zwischen dem Eigentümerkollektiv und angestellten Lohnarbeitern. In anderer Hinsicht trifft es jedoch nicht zu: Das bestimmende Merkmal einer Genossenschaft, ihr kollektives Eigentum und die an die Person und nicht an einen Kapitalanteil gebundene Verfügungsmacht, bleibt erhalten und unterscheidet sie von Kapitalunternehmen.

Genossenschaften können eine Form von Wirtschaftsdemokratie oder des »demokratischen Wirtschaftens« sein. Dies ist jedoch keineswegs automatisch der Fall. Obwohl ein Unterschied zum Prinzip des kapitalistischen Gesellschaftseigentums besteht, kommt es auch hier darauf an, wie die Eigentümer ihre Mitgliedschaft wirklich wahrnehmen und gestalten; oft genug handelt es sich um eine formale Mitgliedschaft, deren Zweck nicht ein solidarisches Wirtschaften, sondern die Nutzung bestimmter ökonomischer Vorteile in spezifischen Betätigungsfeldern ist. Eine Identität von Mitglied und Produzent ist oft nicht gegeben und die meisten Beschäftigten in diesem Bereich sind Lohnarbeiter wie in anderen Wirtschaftsbereichen auch. Diese Grenzen bedeuten nicht, dass sie kein emanzipatorisches Potenzial haben. Ihre Existenz zeigt, dass andere als kapitalistische Produktions- und Konsumtionsformen möglich und erfolgreich sein können, und für den aktiven Teil der Mitglieder kann es unter bestimmten Bedingungen ein Feld mit höherer Selbstbestimmtheit und mehr Chancen für demokratische Teilhabe sein. Für die volle Entfaltung dieser Möglichkeiten bedarf es jedoch sowohl eines inneren Wandels der Genossenschaften als auch eines anderen als des kapitalistisch dominierten Umfeldes.

Arbeiterselbstverwaltung und rätekommunistische Konzepte

Die Erfahrungen mit dem Staatssozialismus im 20. Jahrhundert und die in den traditionellen kommunistischen Eigentumskonzepten angelegte Tendenz zu einem staatlichen anstelle eines gesellschaftlichen Eigentums führten und führen zur Suche nach einem kommunistischen Konzept ohne Staatseigentum. Der Rätekommunismus kommt diesen Vorstellungen entgegen. Anknüpfungspunkt bietet immer wieder die Pariser Kommune, von Marx als die »endlich entdeckte Form« der Herrschaft des Proletariats und eines kommunistischen Eigentums bezeichnet. In der russischen Revolution 1905-07 entstanden in Betrieben und Stadtteilen Selbstverwaltungsorgane der Arbeiter und Bürger, die sich selbst als *Sowjet* (= Rat) bezeichneten. Der Begriff und das Konzept gewannen dann in der russischen Oktoberrevolution zentrale Bedeutung und wurden in der deutschen Novemberrevolution von revolutionären Bewegungen übernommen. In Russland hatten die Sowjets im ursprünglichen Sinne nur wenige Monate eine größere Bedeutung. Sie wurden allmählich völlig in den Hintergrund gerückt und zur bloßen Fassade einer »Union der Sowjets«. Lenin hatte 1920 in der Schrift »Der linke Radikalismus als Kinderkrankheit des Kommunismus« eine ganze Reihe von rätekommunistischen Bestrebungen, die nicht mit seiner Sozialismuskonzeption übereinstimmten, kritisiert und diffamiert. In Deutschland waren Arbeiterräte heftig umkämpft und erlitten – wie auch in anderen Ländern – eine Niederlage. Zwar kam es im 20. Jahrhundert immer wieder zu Versuchen, rätekommunistische Modelle zu verwirklichen, im Ganzen hatten sie aber eine eher untergeordnete Bedeutung. (Vgl. Azzellini/ Ness 2012) Viele Enthusiasten dieses Konzept ficht das nicht an, weil sie den Kampf dafür in den Nischen von Wirtschaft und Gesellschaft bereits als ein Element des Konzepts betrachten. Gewisse konzeptionelle Überschneidungen gibt es zum italienischen Operaismus, zum Anarchismus, Syndikalismus und zur heutigen Commons-Bewegung. Sie alle zeichnen sich dadurch aus, dass staatliches Eigentum und staatliche Herrschaftsformen abgelehnt und kooperative Selbstverwaltungen heute und sofort favorisiert werden. Wichtige Theoretiker des Rätekommunismus waren Richard Müller (1921: 168f), Ernst Däumig (1919), Anton Pannekoek (1947), das Mitglied der holländischen Gruppe Internationaler Kommunisten Jan Appel (Gruppe 1930) und Paul Mattick (1970). Auch Karl Korsch kann zu diesen Theoretikern gezählt werden, obwohl seine frühe Schrift zur »Sozialisierung« von 1919 auch abweichende Positionen enthält. (Korsch 1919) Die Kommunistische Partei Deutschlands hatte unmittelbar nach ihrer Gründung 1919 zunächst auch die Losung »Alle Macht den Räten« vertreten und das Führungsmitglied Julian Marchlewski das Konzept eines Rätesystems entwickeln lassen (Marchlewski 1919), ging aber zunehmend auf die Positionen der Sowjetunion über. Auf eine gewisse Aktualität des Konzepts wiesen in jüngerer Zeit in Deutschland beispielsweise Alex Demirović (2009), Michael Buckmiller (2022), Felix Klopotek (2021) oder auch Raul Zelik (2020: 249ff) hin.

Die rätekommunistischen Vorstellungen darüber, was Vergesellschaftung der Produktionsmittel und gesellschaftliches oder Gemeineigentum zu bedeuten hätten, zeichnen sich dadurch aus, dass die reale ökonomische Verfügungsgewalt über die Produktionsmittel bei den unmittelbaren Produzenten selbst, in den Betrieben liegen müsse. Im Zentrum steht die Arbeiterselbstverwaltung in den Produktionsbetrieben. Diese Idee steht zwar in einem komplementären Zusammenhang mit der *politischen* Konzeption des Rätekommunismus, darf jedoch nicht mit ihr gleichgesetzt werden. Die direkte Verfügung über die Produktionsmittel auf der Ebene des Einzelbetriebs bzw. -unternehmens haben die Betriebsräte als Körperschaften der unmittelbaren Produzenten. Diese Betriebsräte bilden Räte auf der Ebene der einzelnen Wirtschaftszweige sowie auf regionaler Ebene, wo sie auch in Korrespondenz mit Vertretern der Konsumenten treten. Auf der Ebene der Gesamtwirtschaft wird, ausgehend von einer Bewegung »von unten« ein Wirtschaftsrat gebildet, der die Funktion eines Gesamteigentümers wahrnimmt und in gewisser Weise zwar eine Planung betreibt sowie den einzelnen Wirtschaftseinheiten einen Rahmen ihres Handelns vorgibt, aber eben keine zentrale Planungsbehörde oder Produktionsverwaltung ist. Diese Gesamtstruktur existiert außerhalb des Staates. »Die erste Voraussetzung der kommunistischen Produktion und Verteilung«, so Paul Mattick, »ist dann, dass sich kein Staatsapparat neben oder über den Räten erhebt.« (Mattick 1970: XIII)

In dem von Rosa Luxemburg entworfenen Programm der KPD und in Marchlewskis Konzept sollte eine Räterepublik geschaffen werden, die auch die »Enteignung aller Banken, Bergwerke, Hütten sowie aller Groß- und Mittelbetriebe« zugunsten der »Allgemeinheit« durchsetzen sollte. Die gewählten Betriebsräte sollten im Einvernehmen mit den Arbeiterräten, der politischen Grundlage der Räterepublik, die Angelegenheiten der Betriebe ordnen, regeln und kontrollieren und schließlich die

Leitung übernehmen. Repräsentant der Räterepublik sei der Staat, nicht getragen von einem parlamentarischen System, sondern von der Diktatur der Mehrheit des Volkes, dem Proletariat. Die Betriebe würden vom Staat den dort Arbeitenden und ihren Räten als »Treuhänder« übergeben. In dieser Version einer Räterepublik bleibt also die zentrale Diktatur des Proletariats bestimmend, während in den meisten anderen Konzeptionen die Selbstverwaltung und die direkte Demokratie »von unten« im Mittelpunkt stehen. Obwohl zum Beispiel im Konzept der holländischen Gruppe Internationaler Kommunisten auch von einer »Diktatur des Proletariats« gesprochen wird, habe sie einen völlig anderen Charakter: »Bei der Assoziation freier und gleicher Produzenten dient die Diktatur dazu, die neue Produktionsberechnung als allgemeine Grundlage der Produktion durchzuführen. Das heißt, die Basis zu schaffen, worauf die freien Produzenten die Produktion selbst leiten und beherrschen können.« (Gruppe 1930/1970: 22)

An dieser Stelle wird eine Leerstelle rätekommunistischer Vergesellschaftungskonzepte deutlich. Das Verhältnis zwischen der Selbstverwaltung im Betrieb und dem Problem der gesamtwirtschaftlichen Abstimmung und Planung der Produktion bleibt ungelöst, die konkreten Formen, in denen diese sich vollziehen und die Institutionen, derer es dabei bedarf, werden nicht erörtert. Das war auch eine wesentliche Ursache für die Schwierigkeiten des jugoslawischen Systems der Arbeiterselbstverwaltung. Das Rätekonzept bleibt auch eine Antwort schuldig auf die Frage nach den weltwirtschaftlichen Erfordernissen zur Überwindung von Armut, Unterentwicklung und Naturzerstörung. Wenn Mattick meint, »die Planungsorgane werden selbst zu Betrieben, neben anderen Betrieben, die sich im Rätesystem zu einer Einheit verschmelzen« (Mattick 1970: S. XIII), so ist das eine bloße Phrase, weil die Frage, wie sich diese Einheit konkret vollzieht, nicht beantwortet wird. Es verwundert denn auch nicht, dass Pannekoek in »Über Arbeiterräte« schreibt, sie

> »bedeuten nicht eine bestimmte sorgsam ausgeklügelte Organisationsform, die nur noch weiter im Detail auszuarbeiten wäre; es bedeutet ein Prinzip, das Prinzip der Verfügungsgewalt der Arbeiter selbst über Betrieb und Produktion. Seine Verwirklichung ist nicht Sache der theoretischen Diskussion […]; sie ist Sache des praktischen Kampfes. Gegen den Herrschaftsapparat des Kapitalismus.« (Pannekoek 1952)

Vom Anarchismus zum Commonismus*

»Entweder muss die Gesellschaft zugrunde gehen oder sie muss das Eigentum vernichten.« So lautet die Quintessenz Pierre-Joseph Proudhons in seiner berühmten Schrift »Was ist das Eigentum?« (Proudhon 1840: 24) Dieser Satz wird nicht selten als Aufforderung interpretiert, das Eigentum schlechthin – die »Eigentumsbestie«, wie Johann Most 1887 es nennt (Most 1887) – abzuschaffen. Eine anarchistische Redaktionsgruppe überschrieb eine sehr ambitionierte Arbeit jüngst: »Geld und Eigentum? Abschaffen!« (Redaktionskollektiv 2017) Es gehe darum, so Daniel Loick,

> »grundsätzlich jede eigentumsförmige Beziehung zwischen Menschen und zur Welt zu kritisieren […] Das Rechtsinstitut des Eigentums entzieht die Gegenstände ihrer Gebrauchbarkeit durch die Menschen und es deformiert die Menschen selbst auf eine Weise, dass sie eines sinnvollen Gebrauchs von Gegenständen gar nicht mehr fähig sind.« (Loick 2016: 10)

Wenngleich eine solche zugespitzte und auch falsche Behauptung eine Einzelmeinung ist, spielen auch in anderen Gesellschaftsmodellen das »Ende des Eigentums« (Hardt/Negri 2010; Rifkin 2000), die Forderung von »Besitz statt Eigentum« oder »Nutzung statt Besitz« (Leismann u. a. 2012) eine bedeutende Rolle.

---

* In diesem Abschnitt wurden maßgebliche Gedanken aus Leibiger 2018 verwendet.

In Theorieüberblicken von mit dem Anarchismus sympathisierenden Autoren kann kaum auf markante zeitgenössische Theoretiker verwiesen werden. In einer jüngeren Einführung wird auf die große zeitliche Lücke zwischen den bekannten Autorinnen und Autoren der ersten Jahrzehnte des 20. Jahrhunderts und seinem letzten Drittel verwiesen. (Loik 2017: 95) Natürlich gibt es auch heute berühmte Namen wie Noam Chomsky oder David Graeber, sie haben aber zu den hier interessierenden Fragen künftiger Eigentumsverhältnisse wenig bis nichts geschrieben. Vielmehr rückten feministische, antikoloniale, ökologische und poststrukturalistische Fragen in den Vordergrund. (Ebenda) Es scheint deshalb gerechtfertigt, hier nicht die ursprünglichen anarchistischen Überlegungen der oben genannten Theoretiker zur Zukunft von Besitz und Eigentum Revue passieren zu lassen, sondern sich auf die zeitgenössischen Commons-Theorien zu konzentrieren.

Heute machen Begriffe wie »Commons« (Ostrom 1990), »Ecommony« (Haberman 2016), »commons-based peer-production« (Benkler 2006: 60) oder »Stigmergie« (Siefke 2009) die Runde. Es wird nach einer gesellschaftlichen Perspektive »jenseits von Markt und Staat« (Ostrom 1990; Helfrich/Böll 2012) und nach »Keimformen« (Meretz) dafür in der kapitalistischen Gegenwart gefahndet. Nick Deyer-Witheford, ein US-amerikanischer Medienwissenschaftler, prägte den Begriff des *commonism*: »Wenn der Kapitalismus sich als eine ungeheure Warensammlung präsentiert, so der Commonismus als eine Vervielfachung von Commons«. (Deyer-Whiteford 2007: 2)

In den Veröffentlichungen der Commons-Theoretiker, die vom Ende oder der Abschaffung des Eigentums sprechen, werden zwar gelegentlich Bezüge zu Marx hergestellt, man will jedoch etwas völlig Neues schaffen, jenseits der Arbeiterbewegung, von Revolutionstheorie, von Kapitalismus, Sozialismus oder Kommunismus, von kapitalistischem und staatssozialistischem

Eigentum. Reformismus und Revolutionen als Eroberung der Staatsmacht gelten als »Sackgassen«. (Drau/Klick 2024: 52ff) Dieses Selbstverständnis als theoretische Neuerer ist wohl auch ein Grund, weshalb es nur selten Hinweise auf die anarchistische Literatur gibt. Aber viele ihrer Ideen finden sich schon bei den älteren Anarchisten, bei Proudhon, Bakunin oder Kropotkin. Das zeigt sich in Konzepten wie Herrschaftslosigkeit, Eigentum als Missbrauch, Abschaffung jeglichen Eigentums, Besitz statt Eigentum, Ablehnung des Staates, Bewegung von unten, dezentrale Produktion und Entscheidungsfindung, Autonomie, Selbstverwaltung, Mutualismus oder Kooperation, Propaganda der Tat und so weiter. (Vgl. Degen 2008; Notz 2012) An die Stelle des Privateigentums soll der Gemeinbesitz von sich frei organisierenden Gruppen treten, die sich auf freiwilliger Basis vernetzen und ohne die Dazwischenkunft eines Staates in Beziehung zueinander treten. Die zentrale Bedeutung des Eigentums an den Produktionsmitteln für den Charakter einer Gesellschaft wird zwar nicht direkt geleugnet, aber den Commonern geht es um den Besitz und die Nutzung von Gütern schlechthin, unabhängig davon, ob es sich um Konsumtions- oder Produktionsmittel handelt. Darin besteht ein fundamentaler Unterschied zu den Konzepten der Arbeiterselbstverwaltung und des Rätekommunismus.

Vorausgeschickt sei, dass die Commons-Bewegung trotz der Ablehnung von Eigentum die theoretische und praktische Auseinandersetzung über das Eigentum und die Eigentumsfrage enorm bereichert hat. Der Nobelpreis 2009 für die vielleicht bekannteste Commons-Forscherin Elinor Ostrom hatte daran – obwohl ihre Konzeption nicht auf eine postkapitalistische Gesellschaft zielt – einen erheblichen Anteil. Der französische Anthropologe Étienne Le Roy schreibt über das Commons-Paradigma, es habe einen Dominoeffekt.

> »Sobald der erste Stein fällt, gerät das Ideenfundament, auf dem die moderne westliche Zivilisation ruht, außer Balance, und das fundiert Geglaubte stürzt in sich zusammen: Staat, Recht, Markt,

> Nation, Arbeit, Verträge, Schulden, juristische Person, Privateigentum und Institutionen wie Verwandtschaft, Ehe- und Erbrecht werden plötzlich hinterfragt.« (Le Roy 2015: 267)

Das Spektrum des Commons-Diskurses ist breit und reicht von der theoretischen Reflexion konkret realisierter Projekte über gesellschaftspolitisch relevante Commons-Theorien bis zu Entwürfen, von denen manche getrost unter *science fiction* eingeordnet oder, wie Anne Pettifor bezüglich Paul Masons Postkapitalismus schreibt, als »*infotech utopia*« (Pettifor 2015) bezeichnet werden können.

Die Ablehnung des Eigentums ist ein gemeinsamer Nenner der Commonisten. Aus ihr ergibt sich auch die Ablehnung von gesellschaftlichem Eigentum und die Distanz gegenüber dem Begriff der Vergesellschaftung. Diese Ablehnung resultiert aus einem Verständnis von Eigentum, wonach an diesem »die historisch gewordene Ausschlussfunktion klebt« und Vergesellschaftung oft als Verstaatlichung verstanden wird. (Sutterlütti/Meretz 2018: 141) Eigentum wird mit Privateigentum identifiziert. Mit dieser Reduzierung des Eigentumsbegriffs, oder – noch enger – auf *kapitalistisches* Privateigentum, geht oft seine Dämonisierung einher. Wird Eigentum jedoch als soziales Verhältnis zwischen Subjekten bezüglich der Objekte des Eigentums verstanden, das in verschiedenen Formen existiert, dann kann Eigentum gar nicht abgeschafft werden. Immer müssen die Menschen in ihrer Auseinandersetzung mit der Natur und in ihrem sozialen Leben solche Verhältnisse eingehen.* Beim gesellschaftlichen Eigentum oder beim Gemeineigentum als besonderen Formen von Eigentum sind die Verhältnisse durch gemeinsames Entscheiden, Handeln, Verfügen und An-

* Insofern fragt sich, was die Jenaer Forschungsgruppe im Rahmen des Projekts »Strukturwandel des Eigentums« eigentlich meint, wenn sie nach »Arrangements der Allokation und Regulierung jenseits des Eigentums« sucht. (Vgl. Sonderforschungsbereich 2024)

eignung geprägt. Die Ausschlussfunktion wird nur gegenüber jenen wirksam, die nicht zur Gemeinschaft oder der wie auch immer definierten Gesellschaft gehören. Für die Ablehnung von Eigentum kann Elinor Ostrom eigentlich nicht als Bezug dienen, denn sie schreibt von einer »Verfassung der Allmende«, von »Design-Prinzipien«, nach denen die Eigentumsverhältnisse geregelt werden. (Ostrom 1999) Die Skepsis gegenüber dem Vergesellschaftungsbegriff rührt darüber hinaus daher, dass Commons nicht unbedingt aus einem Enteignungsprozess entstehen. Commons sollen auf freiwilliger Grundlage neben den bestehenden Eigentumsformen in den Poren und Freiräumen des kapitalistischen Systems entstehen und sich infolge ihrer Vorteile gegen diese durchsetzen. Lediglich bei Drau/Klick findet sich der Begriff des »Aneignens« (z. B. in Form des Containerns oder von Hausbesetzungen) und des »Enteignens« (wie bei ›Deutsche Wohnen & Co. enteignen‹). (Drau/Klick 2024: 133ff)

Ostrom sowie Helfrich u. a. suchen nach gemeinsamen Mustern des Commoning, seinen Design-Prinzipien. (Ostrom 1999; Helfrich/Bollier/Böll 2015: 55f) Diese Forschung, das praktische und gedankliche Ausloten der den Commons innewohnenden Möglichkeiten ist – obwohl nicht gänzlich frei von sozialromantischen Vorstellungen – unzweifelhaft ein bedeutender Beitrag zur Theorie des Eigentums. Bei diesen Design-Prinzipien handelt es sich um Regeln, nach denen die Verhältnisse der Commoner untereinander bezüglich von Sachen gestaltet werden – Eigentumsverhältnisse. Diese Prinzipien sind eine Art gemeinschaftlich fixierten Eigentumsrechts und folgerichtig titelt Ostrom ihre bahnbrechende Arbeit als »Verfassung der Allmende«. (Ostrom 1999) Selbst in den radikalen, auf Prognosen zur technischen Entwicklung beruhenden Vorschlägen zum Beispiel Christian Siefkes, bei denen die ganze Welt als ein globales Common in Form eines digital gestützten Peer-to-Peer-Netzwerkes aufgefasst wird und es scheinbar kein »Außen« mehr gibt, bedarf es einer über den bloßen Besitz und die unmittelbare Nutzung hinausgehenden Beziehungsform der Menschen bezüglich der Gemeingüter. Eingriffe der Gemeinschaft in individuellen Besitz und Nutzung sowie Exklusion davon bleiben möglich. Wenn Siefkes schreibt, Probleme mit einzelnen Individuen seien zwar unwahrscheinlich und wenn sie aufträten, werde das schon »irgendwie gelöst« (Siefkes 2009: 108, 122), dann kann man nur sagen: Solche Lösungen beruhen »irgendwie« auf Eigentumsverhältnissen, die auf einer anderen Ebene als unmittelbarer Besitz und Nutzung liegen. In den heute praktizierten Commons-Formen werden solche Beziehungsregeln überall praktiziert, es braucht Entscheidungsgremien, Abstimmungen, Administratoren von Netzwerken, Organisation der Arbeitsteilung, Abgrenzung von anderen Gemeinschaften, Regeln zur Aufnahme neuer Gemeinschaftsmitglieder und Schutz vor Eingriffen von außen. In den vielen optimistisch stimmenden Beispielen, die in den Sammlungen über Commons zusammengetragen wurden (Habermann 2009; Helfrich/Böll 2012; Helfrich/Bollier/Böll 2015), spricht aus den Schilderungen der Commoner überall Stolz über *ihre* Projekte und *ihre* *Selbst*behauptung oder Autonomie gegenüber jenen Kräften, die sie versuchen zu zerstören oder zu behindern.

Die meisten positiven Commons-Beispiele beziehen sich auf konsumnahe Kleinproduktion und Dienstleistungen; viele finden sich im Agrarbereich und im Handwerk. Die im High-Tech-Bereich und für das Internet häufig genannten Beispiele wie Wikipedia oder Open Source nutzen zwar freiwillige, unbezahlte Mitarbeiter, beruhen aber nicht auf Gemeineigentum oder Gemeinbesitz. Die Freiwilligen sind, selbst wenn sie gewisse Mitsprachrechte haben, keine Miteigentümer. Die beim Commoning gesammelten Erfahrungen des gemeinsamen Arbeitens und Lebens sind äußerst nützlich, ihre Übertragung auf die Gesamtgesellschaft ist gleichwohl problematisch. Leider existieren viele dieser theoretischen Modelle losgelöst von den

Realitäten der heute dominierenden Industrie- und Dienstleistungsproduktion. Die Lebenswirklichkeiten und Probleme der meisten Erwerbstätigen, vorwiegend Lohnarbeiter ohne Eigentum an Produktionsmitteln, sind kein Gegenstand der Analyse, und zu ihnen werden kaum Bezüge hergestellt, obwohl auch Commonisten an den Erfolgen ihrer Sozialkämpfe partizipieren. Aber letztlich wird sich niemand mittels des Aufbaus einer Parallelwelt aus diesen sozialen Auseinandersetzungen heraushalten oder diese mittels eines »Exodus« im Stile Moses' Auszug aus Ägypten (eine Metapher von Hardt/Negri 2009: 164ff, 178) führen können. Was in überschaubaren Gemeinschaften möglich ist, stellt sich in gesamtgesellschaftlichen Dimensionen und Zusammenhängen mit vielfältigen und unterschiedlichsten technisch-organisatorischen Gegebenheiten anders dar.

So ist denn eine der Achillesfersen dieser Theorien die Frage gesamtgesellschaftlicher, ja globaler Erfordernisse einer funktionsfähigen Reproduktion. Sutterlütti/Meretz setzen hierbei auf das Konzept der Stigmergie, einem Prinzip aus dem Tierreich. (Sutterlütti/Meretz 2018: 175ff) Es besteht im Zusammenwirken von Termiten beim Errichten ihrer Bauten. Das einzelne Tier setzt ein Zeichen (stigma) als Markierung für andere Tiere, die an dieser Stelle weiterbauen. Auf menschliche Gesellschaften übertragen, soll das besagen, dass durch solche Markierungen – wie bei Wikipedia-Texten üblich – andere Beteiligte darauf hingewiesen werden, dass an dieser Stelle weitergearbeitet werden könnte. Durch solche Kommunikationsformen würde das freiwillige, hierarchielose Zusammenwirken auch großer Menschengruppen möglich. Die Möglichkeit einer netzwerkförmigen Peer-to-Peer-Beziehung auf der Grundlage der Stigmergie wird den Erfordernissen einer gesellschaftlichen, ja globalen Arbeitsteilung freilich nicht gerecht. Auf die Frage, warum ein Commoner auf solche Signale mit Produktionsaktivitäten reagieren sollte, oder ob er das überhaupt kann, wird nicht eingegangen. In der Wirklichkeit geht es nicht nur um Informationsaustausch, sondern um komplexe Prozesse einer materiellen Produktion und der raum-zeitlichen Allokation von Produktions- und Konsumtionsmitteln.

Die Transformation in neue Eigentumsformen ist kein Automatismus und auch nicht durch die technologische Entwicklung oder eine »Logik der Natur« determiniert. Die neuen Technologien machen neue soziale Formen möglich, aber sie erzwingen diese nicht. Die heute vorherrschende Tendenz ist nicht das Commoning, vielmehr dominieren Kommodifizierung, Privatisierung und »Propertisierung von Gesellschaft und Kultur«. (Siegrist 2007: 9) Diese Tendenz ist nur politisch zu durchbrechen und umzukehren. Wenn Stefan Meretz davon ausgeht, mit der Krise des Kapitals komme es zu einem »Dominanzwechsel« zugunsten der Peer-Commons, in deren Folge sich auch die alten Gewaltapparate auflösten (Meretz 2014: 4, 6), so gibt es dafür keinerlei Anzeichen. Auch die Hoffnung des bekannten US-amerikanischen Zukunftsforschers Jeremy Rifkin, das Eigentum löse sich auf und der Kapitalismus ziehe sich im Konkurrenzkampf statt in sozialen Auseinandersetzungen zurück oder würde »mutieren«, wie Paul Mason mit Bezug auf Rifkin meint, (Mason 2016: 34) wird sich so nicht erfüllen. Es entspricht schon eher den Gegebenheiten, wenn Rifkin, resümiert, seine »Vorfreude« sei mehr von »Wunschdenken geprägt als von konkreten Erwartungen.« (Rifkin 2014: 442)

Von einer solchen Vorfreude sind auch die Schilderungen von Vertreterinnen und Vertretern der Commons-Bewegung über Commoning-Projekte durchdrungen. »Frei, fair und lebendig« seien sie. Die »Triade des Commoning« in der »Welt des Pluriversums« bestehe in einem »sozialen Miteinander«, in »Selbstorganisation durch Gleichrangige« und in einem »sorgenden und selbstbestimmten Wirtschaften«. (Helfrich/Bollier/Böll 2015: 94) Ja, es gebe auch Widersprüche und

Auseinandersetzungen, aber diese würden auf harmonische Weise in einem herrschaftsfreien Aushandlungsprozess gelöst. Die Verwirklichung dieser Triade sei nicht nur ein Zukunftsprojekt, sondern in den vielfältigen Formen des Commoning bereits zum Alltag geworden; »die aufrührerische Macht der Commons, nämlich der Wunsch nach einer freien, gerechten und lebendigen Welt, ist kein utopischer Traum. Die Macht der Commons ist real!« So resümieren Helfrich/Bollier ihren Überblick über das weltweite Commoning schon in der Gegenwart. (Ebenda: 316) Was hier geschildert wird, mutet wie die konkrete Verwirklichung jenes von Marx und Engels formulierten kategorischen Imperativs an.

In der oben zitierten Arbeit von Helfrich/Bollier wird im Unterschied zu ihren früheren – und in der Commons-Bewegung fast überall üblichen – Äußerungen positiv auf die Rolle verwiesen, die der Staat dabei spielen kann. Trotz ihrer Staatskritik und dem Festhalten an der Position, dass einzig das Etablieren und die Ausweitung von Commons in den Nischen der kapitalistischen Wirtschaft als Einstieg in eine Systemalternative infrage komme, führen sie aus, wie staatliche Unterstützung dabei aussehen müsse und wie Commons und der Staat sogar eine Verbindung – Commons-Öffentliche-Partnerschaften – eingehen können.

Die Radikalität der Commons-Theoretiker geht nicht selten mit der strikten Ablehnung bisheriger Vorstellungen von Transformationen einher. Es gehe, so Sutterlütti/Meretz, nicht um eine »Erringung von Macht«. Die »Aufhebung« des Kapitalismus erfolge in Form »hüpfender Schritte«, wie sie ihre Kombination von Reform und Revolution bezeichnen. (Sutterlütti/Meretz 2018: 96f) Was das im Einzelnen bedeuten soll, wird absichtsvoll vage gehalten, man wolle mit diesen Begriffen und Andeutungen lediglich einen Diskursraum eröffnen. Zentral für die Frage des Übergangs ist der Begriff der »Keimformen«. Sie sind neue Formen der Produktion und des Eigentums, die zwar über den Kapitalismus hinausweisen, zunächst aber innerhalb des Kapitalismus entwickelt werden. Sutterlütti/Meretz' psychologisch und heuristisch begründete »Keimformtheorie« betont den Prozesscharakter des Entstehens eines neuen, in diesem Falle eines commonistischen Systems. Mit einer Krise der Verwertung des Kapitals entstehe ein Druck zur Suche nach neuen Formen der Produktion, nach Keimformen des Neuen und zur Entstehung von Commons oder des Commoning innerhalb des Kapitalismus. Sie würden zunehmend dominant und führten schließlich zur kompletten Umstrukturierung und zur Aufhebung der kapitalistischen Eigentumsverhältnisse. (Sutterlütti/Meretz 2018: 201ff) Ein Anknüpfen an die Vielfalt der im jetzigen System bestehenden Eigentumsformen findet in diesem Modell nicht statt. Commons werden als die einzig zukunftsfähigen Keimformen neuer Verhältnisse hingestellt. Die Frage, wie der Umschlag von wachsender Dominanz in komplette Umstrukturierung konkret erfolgt und welche Akteure ihn bewirken, bleibt offen. Zumeist wird auf soziale Bewegungen der Commoner verwiesen, die miteinander kooperieren und, wie Drau/Klick schreiben »verbindende Organisationen« als langlebige Institutionen bilden. (Drau/Klick 2024: 230f)

5. Vergesellschaftung und gesamtgesellschaftliches Eigentum

Während in den Konzeptionen einer Vergesellschaftung »von unten« die Schaffung von staatlichem oder gesamtgesellschaftlichem Eigentum abgelehnt und Besitz oder Eigentum der unmittelbaren Produzenten oder Nutzer von Gütern an der »Basis« favorisiert wird, existieren trotz der schlechten Erfahrungen mit dem staatssozialistischen Eigentum nach wie vor Theorien, welche gesamtgesellschaftliches Eigentum für unverzichtbar halten. Empirisch können sich diese Theorien auf die Notwendigkeit öffentlichen Eigentums im Kapitalismus stützen und darauf verweisen, dass die Erfolge der chinesischen Wirtschaft zwar mit dem marktwirtschaftlichen Kurs und der großen Bedeutung der Privatwirtschaft ursächlich zusammenhängen, aber ohne das Staatseigentum als Rückgrat der Wirtschaft und deren planvoller Regulierung durch den Staat kaum möglich gewesen wären.

Welche Vorstellungen hinsichtlich einer Vergesellschaftung, die staatliches und gesamtgesellschaftliches Eigentum nicht ausschließen existieren gegenwärtig?

Kommunistische Visionen

Der Kommunismus-Begriff ist nach dem Scheitern des Sozialismus, der oft mit »Kommunismus« identifiziert wird, aus dem öffentlichen Diskurs weitgehend verbannt, zumindest aber erfährt er nahezu keine positive Konnotation mehr. Selbst im linken Spektrum sind er und das »Endziel« des Kommunismus umstritten. In einem Diskussionsbuch der Rosa-Luxemburg-Stiftung über »Futuring. Perspektiven der Transformation im Kapitalismus über ihn hinaus« aus dem Jahr 2014 kommt der Begriff außer in ein paar Fußnoten faktisch nicht vor. (Vgl. Brie 2014)

Trotzdem ist die Idee des Kommunismus und eines kommunistischen, gesamtgesellschaftlichen Eigentums nicht gänzlich tot. Abgesehen von einer Lesart, wonach »Kommunismus ... das Fundament des menschlichen Zusammenlebens (ist)« und »Gesellschaft überhaupt erst möglich (macht)« – so David Graeber im Anschluss an Peter Kropotkins Analyse der gegenseitigen Hilfe in Tier- und Menschenwelt, (Graeber 2012: 102; Kropotkin 1923) also eines »alltäglichen Kommunismus«, wie Wolfgang Streeck ihn nennt (Streeck 2019) – ist die Idee des Kommunismus als künftige Gesellschaftsform bei einem Teil der Linken nach wie vor lebendig. Lutz Brangsch und Michael Brie haben dazu einen Sammelband herausgegeben und ihm den Untertitel »Ein Gespenst kommt nicht zur Ruhe« gegeben. (Brangsch/Brie 2016) Slavoj Žižek, mitunter als *enfant terrible* der Philosophie betrachtet, »wagt sich aus der Deckung« und fordert einen »neuen Kommunismus«. »Was wir heute brauchen, ist eine Linke, die ihren Namen zu nennen wagt, keine Linke, die ihren Kern schamhaft mit einem kulturellen Feigenblatt verhüllt. Und dieser Name lautet *Kommunismus.*« (Žižek 2021: 14)

Kommunistisches Eigentum im Marxismus-Leninismus | Darüber, wie die konkrete institutionell-organisatorische Form eines erklärtermaßen *gesellschaftlichen, kommunistischen* Eigentums aussehen könnte, existieren nicht viele zeitgenössische Arbeiten. Ein Rückblick auf die marxistisch-leninistische Politische Ökonomie des 20. Jahrhunderts ist hier durchaus angebracht. Obwohl es auch andere Nuancierungen gab, soll die Vorstellung sowjetischer Politökonomen vorgestellt werden, die in einem großen Teil Europas lange Zeit dominierte. Nach dieser Theorie (Ich beziehe mich im Folgenden auf das Lehrbuch Parteihochschule 1974) gebe es Gesetzmäßigkeiten des Hinüberwachsens des Sozialismus – der ersten, noch mit Muttermalen des Kapitalismus behafteten Phase des Kommunismus – in den Kommunismus als Endziel. Im Zuge der Entwicklung des Sozialismus würde die materiell-technische Basis des Kommunismus geschaffen und die Produktion, ihre Effektivität und Leitung sowie die Qualität der ökonomischen Zusammenarbeit all ihrer Teile immer weiter vervollkommnet. Mit der allseitigen Entwicklung des Menschen reiften die Ideale des Kommunismus, die Kameradschaft, die gegenseitige Hilfe und das kommunistische Bewusstsein. (228ff) Durch die immer stärkere Ausprägung eines einheitlichen kommunistischen Volkseigentums, in das schließlich auch das genossenschaftliche Eigentum aufgehe, gebe es keine sozialökonomischen und Klassenunterschiede mehr. Beim kommunistischen Eigentum würden die Existenzbedingungen von Ware-Geld-Beziehungen verschwinden. (262) Allmählich trete das kommunistische Prinzip der Verteilung (jeder nach seinen Fähigkeiten, jedem nach seinen Bedürfnissen) in Kraft. Die sozialistische Staatlichkeit verwandle sich in die »kommunistische Selbstverwaltung« und die Organe der Staatsmacht würden zu Organen der gesellschaftlichen Verwaltung, der Planung, der Leitung und der Verteilung. Die Eigentümerfunktionen würden also nicht mehr von einem Staat ausgeübt, sondern von den Werktätigen selbst, die in »verschiedenen Organisationen und Gemeinschaften« vereint seien. (266f) Dieser Prozess des Übergangs vom Sozialismus zum Kommunismus erfolge auf der Grundlage »der führenden Rolle der Partei«. (268)

Zweifellos haben bei dieser Theorie Überlegungen der marxistischen Klassiker Pate gestanden, die durch das Gedankengut Lenins zur Rolle des Staates und der »führenden Rolle der Partei« erweitert und überformt wurden. Immerhin wird ein Unterschied zwischen dem gesellschaftlichen Eigentum als Staatseigentum im Sozialismus und dem Eigentum im Kommunismus in Form der »kommunistischen Selbstverwaltung« gemacht. Auf der Strecke bleibt der für die Klassiker zentrale Gedanke der individuellen Freiheit. An ihre Stelle tritt die Ausprägung eines »kommunistischen Bewusstseins«, einer Freiheit, die auf der Einsicht in gesamtgesellschaftliche Erfordernisse beruhe. Wie die Verbindung von Selbstverwaltung und zentraler Planung und Leitung konkret hergestellt wird und in welchen Formen sie sich verwirklichen sollte, blieb offen. Bei Marx und Engels war das Fehlen konkreter Aussagen dazu bekanntlich beabsichtigt, aber angesichts der Selbsteinschätzung sowjetischer Politökonomen, dass sich die Sowjetunion bereits kurz vor dem Übergang zum Kommunismus befinde, muss das verwundern.

Die wirkliche Entwicklung aller Länder des »sozialistischen Blocks« lief – wie gezeigt worden war – keineswegs in Richtung einer realen Vergesellschaftung, und auch die Politik zur Gestaltung der Eigentumsverhältnisse entsprach diesem Ziel nicht. Zwar wurden die Genossenschaften tatsächlich immer stärker in die gesamtwirtschaftlichen Prozesse der Planung und Leitung integriert, aber die Form, in der sich das vollzog, war das Gegenteil einer Tendenz zur Selbstverwaltung. Alle Versuche, wenigstens den Betrieben (nicht etwa den Individuen) mehr Autonomie zuzubilligen, wurden nach kurzer Zeit unterbunden. Die Sicherung der zentralen Macht von Partei und Staat, also der Staatsklasse, hatten Vorrang. Entfremdung und Subalternität der arbeitenden Bevölkerung blieben trotz gewichtigen sozialen Fortschritts erhalten, manche Gängelei vertiefte sich sogar. Von der Herausbildung jenes dubiosen »kommunistischen Bewusstseins«, das ja ein Fühlen und Handeln der Individuen als Eigentümer hätte einschließen müssen, konnte keine Rede sein. Realität und kommunistisches Ideal klafften immer weiter auseinander.

Eine Reihe von Arbeiten jener Zeit, die dieses Auseinanderklaffen thematisieren, widmen sich zwar gewissen Alternativen, aber zumeist ging es dabei nicht um eine künftige »kommunistische« Gesellschaft, sondern um den bestehenden Sozialismus. Zu nennen sind beispielsweise Ota Śik, ein wichtiger Akteur des *Prager Frühlings* von 1968. In seiner später im Exil entstandenen Arbeit »Humane Wirtschaftsdemokratie« (Śik 1979) beschrieb er einen »dritten Weg« zwischen Sozialismus und Kapitalismus. In der DDR entwarfen Rudolf Bahro oder Wolfgang Harich auch eigentumstheoretisch unterfütterte Zukunftsmodelle eines Sozialismus oder Kommunismus, die sehr unterschiedlich ausfielen. Erstmals wurde die Frage der Ökologie behandelt; beide Perspektiven beinhalteten zwar Vorstellungen der Selbstbestimmung der Individuen, wiesen aber auch gewisse öko-diktatorische Züge auf. (Harich 1975; Bahro

1977) Diese stark zeitbezogenen Ansätze sind weitgehend in Vergessenheit geraten.

In den letzten Jahren der Existenz des »realen« Sozialismus erschienen kaum Arbeiten über kommunistisches Eigentum. Selbst das in der DDR in den 1980er Jahren geplante Lehrbuch der Politischen Ökonomie des Sozialismus konnte aufgrund konzeptioneller und inhaltlicher Unsicherheiten und Differenzen der Herausgeber und Autoren nicht erscheinen. Obwohl sich mit der sowjetischen Perestroika in der zweiten Hälfte der 1980er Jahre die Diskussion über die Gestaltung der Eigentumsverhältnisse intensivierte, bezog sich diese fast ausschließlich auf den bestehenden Sozialismus; ein kommunistisches Eigentum spielte keine Rolle. Michael Brie, der eine bemerkenswerte Arbeit über das Eigentum im Sozialismus in den 1980er Jahren verfasste, aber erst 1990 veröffentlichen konnte, konstatierte damals das Fehlen einer umfassenden Analyse dieser historischen Diskussion zum Verständnis des gesellschaftlichen Eigentums in der Politischen Ökonomie des Sozialismus. (Brie 1990: 26)

Kommunistisches Eigentum bei Stephan Krüger | In jüngerer Zeit hat im deutschsprachigen Raum eigentlich nur Stephan Krüger eine marxistische Konzeption kommunistischer Eigentumsverhältnisse entwickelt. Seine Arbeit »Wirtschaftspolitik und Sozialismus« enthält auch ein Kapitel über »Kommunistische Perspektiven«. (Krüger 2016) Es könne, schreibt er, sich dabei nur um eine Skizze handeln, das Engagement für Gesellschaftsänderung brauche jedoch mehr oder weniger klar umrissene Zukunftsvisionen. Die Lösung des Knappheitsproblems der Ressourcen im Verhältnis zu den Bedürfnissen sei die grundlegende Bedingung für den Übergang von einem Marktsozialismus zu einer kommunistischen Wirtschaftsweise. (437) Damit könne die Profitdetermination der Produktion und zugleich »das Eigentum an den Produktionsmitteln im

Sinne des Ein- bzw. Ausschließens von Personen« überwunden werden. (439) In Alternative zu genossenschaftlichen und öffentlichen Eigentumsformen im Marktsozialismus ist dann der »tatsächliche Gemeinbesitz der gesamten Gesellschaft an den durch Arbeit erzeugten Produktionsmitteln sowie an Grund und Boden« dominant. An die Stelle marktsozialistischer Eigentumsverhältnisse trete »der bloße Besitz im Sinne der Verfügungsgewalt«. Produktionseinheiten seien nicht mehr profitorientierte Unternehmen, sondern Betriebe. (439) Entscheidungen über das Was, Wie und für Wen der Produktion würden auf der Ebene dieser Betriebe auf der Grundlage »strategischer Richtlinien im Rahmen einer makroökonomischen, auf verschiedenen Ebenen angesiedelten Strukturpolitik« erfolgen. (444) Die Abstimmung zwischen den Produktionsentscheidungen der einzelnen Betriebe und den strategischen Richtlinien erfolge nicht mittels zentraler Planung und Entscheidung, sondern auf der Basis eines »mehrstufigen demokratischen Willensbildungsprozesses« und mittels moderner Informations- und Kommunikationstechnologien. (449) Die Mittel der privat-individuellen Konsumtion gehen in den Besitz der Privathaushalte über. Produktionsmittel behalten ihren Warencharakter und werden den Produktionseinheiten auf der Basis von monetären Verrechnungseinheiten übertragen bzw. verkauft. Die Beeinflussung der Produktionsmittel-Produktion erfolge durch administrative Vorgaben und indirekte Beeinflussung des Überschusses mittels Abführungen und Zuweisungen. (444)

Krüger betrachtet seine Vision als im Einklang mit den Marx'schen Vorstellungen befindlich, obwohl dieser an keiner Stelle seines Werkes von einem Verschwinden des Eigentums oder dessen Ersetzens durch »bloßen Besitz« geschrieben hat. Auch wenn Marx in der weiter vorn bereits angeführten berühmten Stelle des »Kapital« in dessen französischer Fassung »Eigentum« durch »Besitz« ersetzt, bleiben sowohl er als auch

Engels bis zum Ende ihrer Schaffenszeit dabei, dass es sich im Kommunismus um »gesellschaftliches Eigentum« handelt. Vielleicht ist Krüger hier durch die von der Commons-Bewegung forcierte und in bestimmten Diskurskreisen beliebte Perspektive »Besitz statt Eigentum« beeinflusst. Was die »aktive und unmittelbare Teilnahme der Bevölkerung an Entscheidungsprozessen in direkter Demokratie« betrifft, so seien die technisch-organisatorischen Voraussetzungen längst vorhanden. (450) Hier scheinen die Vorstellungen eines Computer-Sozialismus auf, wie sie von Peters (2000), Dieterichs (2006) und Cockshott/Cottrell (1993/2006) entwickelt wurden. Danach seien die Planungs- und Koordinationsprobleme, wie sie im realen Sozialismus des 20. Jahrhunderts bestanden hätten, mittels der modernen Informations- und Kommunikationstechnologie lösbar geworden.

Allen Konkretisierungen und Fortschreibungen zum Trotz bleibt die Herstellung des konkreten und institutionalisierten Zusammenhangs von individueller Freiheit und Vergesellschaftung im Bereich der Produktion auch bei Krüger so vage und unbestimmt wie bei den Klassikern des Marxismus. Der vielgescholtene Eugen Dühring, so oberflächlich und kritikwürdig er auch gewesen sein mag, hatte mit seinen Hinweisen auf dieses Problem (vgl. Kapitel 2) durchaus den Finger in die Wunde der kommunistischen Vorstellungen gelegt.

Konzeptionen eines demokratischen Sozialismus

Nicht nur im Umfeld der deutschen Partei Die Linke entwickelt sich immer stärker eine Sichtweise, wonach es gar nicht um einen Kommunismus als angestrebte Gesellschaftsform gehe, sondern um den Kommunismus, wie der junge Marx ihn verstand: Kommunismus als Bewegung. In einem Essay zu dieser Frage, überschrieben »Sozialismus oder Kommunismus – Was sonst!« (Brangsch/Brie 2016: 227ff) werden die Begriffe Sozialismus, Kommunismus und solidarische Gesellschaft an einigen Stellen zwar synonym gebraucht (237), aber eigentlich geht es um »das Kommunistische«, das entweder allen Gesellschaften irgendwie immanent ist oder das als Bewegung zu einer solidarischen Gesellschaft begriffen wird, in der das profitorientierte Privateigentum durch Gemeineigentum verdrängt wird. In seiner Arbeit »Sozialismus neu entdecken« wird Brie noch deutlicher: Sozialismus sei nicht eine Etappe oder Vorstufe des Kommunismus, vielmehr überwinde er den bisherigen Kommunismus: »Die Vorherrschaft der kommunistischen Tendenz führte in den Staatsparteisozialismus sowjetischer Prägung oder anderer kommunistischer Experimente.« (Brie 2022: 13)

Was »demokratischer Sozialismus« im Gegensatz zum Sozialismus im 20. Jahrhundert sein müsste, ist umstritten. Der Begriff wurde in der deutschen Sozialdemokratie nach der Novemberrevolution geprägt, ist aber in ihrer Programmatik längst getilgt. Im seit 2007 geltenden Grundsatzprogramm der SPD tauchen die Begriffe Vergesellschaftung oder gesellschaftliches Eigentum nicht mehr auf. Es wird von der »Vision einer freien, gerechten und solidarischen Gesellschaft« als dauernder Aufgabe gesprochen. In einem Papier über »Alternative Models of Ownership«, das 2016 für das Schattenkabinett des damaligen links-orientierten Labour-Vorsitzenden Jeremy Corbyn verfasst wurde, stand auch die Forderung, die Verantwortung in die Hände derer zu legen, die den Reichtum erarbeiten (»placing those who create the real wealth in charge«); der historische Name einer solchen Gesellschaft sei »socialism«, er sei das Ziel von Labour. Im Vorspann wurde freilich erklärt, dieses von externen Fachleuten erarbeitete Papier repräsentiere nicht die Politik von Labour. (Alternative Models 2016: 32)

Angemerkt sei, dass der Sozialismusbegriff zum Beispiel in den USA oftmals nicht mit einer postkapitalistischen Gesellschaft in Verbindung gebracht wird, sondern – wie zum Beispiel bei US-Senator Bernie Sanders, der sich selbst als Sozialist bezeichnet – eher mit einem links-sozialdemokratischen Programm. Gar nicht so selten wird das lange Zeit von der Sozialdemokratie dominierte Schweden als Leitbild behandelt. Im Falle der *Democratic Socialists of America* (DSA) wird gleichwohl, wenn auch ziemlich vage, die »Kontrolle der Produktion und der Ressourcen durch das Volk« gefordert. (DSAUSA 2024) Das gilt auch für das »Socialist Manifesto« Bashkar Sunkaras, des Herausgebers der sozialistischen US-amerikanischen Zeitschrift *Jacobin*, in dessen Zukunftsvision das private Eigentum an den Produktionsmitteln abgeschafft ist. (Sunkara 2019)

Hand in Hand mit der Renaissance der Vergesellschaftungsdiskussion in linken Kreisen hat es eine Renaissance sozialistischer Vorstellungen gegeben. Überhaupt wird »Sozialismus« zur Kennzeichnung einer Gesellschaft der Zukunft heute eher als »Kommunismus« gebraucht. In einer ganzen Reihe von marxistisch geprägten oder beeinflussten Arbeiten, die nach der Krise von 2007 bis 2009 entstanden, ist von einem Ziel oder einer Utopie des Kommunismus überhaupt nicht mehr die Rede. Im Mittelpunkt steht ein mit verschiedensten Attributen versehener Sozialismus, ein »Sozialismus im 21. Jahrhundert« (vgl. Lucht/Deppe/Dörre 2023) oder eben ein »demokratischer Sozialismus«. Die Frage, ob dies im Sinne der Überlegungen von Marx eventuell ein Schritt in Richtung auf einen wie auch immer definierten Kommunismus ist, wird nicht gestellt. Gespeist werden diese Theorien nach wie vor durch den Marxismus, aber auch anderer Strömungen, vor allem aber durch die Kritiken am Sozialismus des vorigen Jahrhunderts. Es geht um einen Sozialismus in Abgrenzung vom kapitalismusbejahenden Sozialdemokratismus auf der einen und eine Abkehr vom autoritären Staatssozialismus des 20. Jahrhunderts auf der anderen Seite.

Mit Ausnahme des von Dieterichs entwickelten Modells eines »Sozialismus im 21. Jahrhundert« wird in den meisten Konzeptionen des demokratischen Sozialismus von einem pluralistischen Eigentumssystems ausgegangen. Es solle zwar staatliches Eigentum mit einer Tendenz in Richtung gesellschaftlichen Eigentums sowie gesamtgesellschaftliches Gemeineigentum außerhalb des Staates und auch Enteignungen geben, daneben hätten aber auch andere, darunter auch privatkapitalistische Eigentumsformen, ihren Platz. Es versteht sich von selbst, dass es unter diesen Bedingungen zu keiner generellen Ablösung von Ware-Geld-Beziehungen kommen kann. Wichtige Bereiche, wie soziale Dienstleistungen und Infrastruktur sollen allerdings dem Markt entzogen werden und das Profitprinzip generell zurückgedrängt werden.

Im Folgenden soll einigen Autoren das Wort erteilt werden, die diese Vielfalt in jeweils spezifischer Weise ausbuchstabieren. Dabei kommen Gemeinsamkeiten – zuvörderst die Präferenz für eine Vielfalt von Eigentumsformen – aber auch Unterschiede zum Vorschein. Auffällig auch, dass einzelne Vorstellungen, die in den vergangenen Jahren im Rahmen der Commons-Diskussion entwickelt wurden, in einer spezifischen Weise Berücksichtigung gefunden haben. Es werden auch Vorstellungen aufgenommen, wie sie im Rahmen der Sozialisierungsdiskussion nach der Novemberrevolution zwischen bürgerlichen und sozialistischen Theoretikern, zwischen Revolutionären und Reformisten entwickelt worden waren. In fast allen Konzeptionen wird vom Prozesscharakter der Vergesellschaftung ausgegangen; es wird also nicht ein Zustand oder ein geschlossenes Konzept von einer sozialistischen Utopie beschrieben, vielmehr wird von einer gewissen Offenheit der Entwicklung ausgegangen.

Frank Deppe, einer der Nestoren der sozialistischen Bewegung in Deutschland, lässt zwar keinen Zweifel daran, dass Sozialismus und gesellschaftliches Eigentum, Aufhebung des Privateigentums und Vergesellschaftung miteinander verbunden sind, lehnt aber weitergehende Konzepte ab. »Die Wege, die der Sozialismus beschreiten wird, sind nicht voraussehbar. Sie werden auf jeweils sehr unterschiedlichen Terrains beschritten, die in ihrer Spezifik immer wieder neu erkundet werden müssen. Sie werden durch die Verhältnisse selbst vorgegeben werden.« (Deppe 2021: 349) Diese Wege würden Reformen wie Revolutionen und auch die von Anarchismus und Anarchosyndikalismus beschrittenen Pfade einschließen.

Raul Zelik, eine Zeit lang Mitglied des Vorstands der Partei Die Linke, präferiert zwar einen »grünen Sozialismus« und nennt eine Reihe von Charakteristika, die dieser aufweisen müsste, kommt aber zu dem Schluss, »Sozialismus sollte nicht mehr als Modell einer bestimmten ökonomischen Regulierung durch den Staat und schon gar nicht als Synonym für ›Planung‹, sondern als demokratisch-egalitäre Aneignungsbewegung verstanden werden, bei der auf ganz unterschiedliche Instrumente zurückgegriffen werden kann.« (Zelik 2020: 231) Als solche Instrumente thematisiert er Wirtschaftsdemokratie, das Commoning, Caring, Formen der solidarischen Ökonomie und den Infrastruktursozialismus, also das öffentliche Eigentum an den Kernelementen der Infrastruktur. Es müssten »plurale Ökosysteme von Gemeineigentumsformen« und »öffentliches Eigentum jenseits klassischer Verstaatlichung« geschaffen werden. (Ebenda)

Von einer »Utopie des Sozialismus« schreibt der Soziologe Klaus Dörre. (Dörre 2021) Dessen eigentumsseitiges Fundament sei »kollektives Selbsteigentum an und in großen Unternehmen« und eine »kooperative Marktwirtschaft mit kleineren Unternehmen«, die keinesfalls enteignet werden sollten. (117f, 130) Dies setze die Sozialisierung von Großunternehmen, die Enteignung der Banken und einen Grund und Boden in öffentlicher Hand, also einen Bruch mit den kapitalistischen Eigentumsverhältnissen voraus. »Mit hoher Wahrscheinlichkeit werden Staaten und Staatseigentum dabei noch immer eine zentrale Rolle spielen müssen« (125) Das von den marxistischen Klassikern postulierte »allmähliche Abstreben des Staates kann in modernen sozialistischen Gesellschaften deshalb nur bedeuten, dass staatliche Funktionen von möglichst vielen und dann lediglich auf Zeit ausgeübt werden.« Viele staatliche Funktionen müssten auch in nachkapitalistischen Gesellschaften Bestand haben. (216ff) Mit dem im Mittelpunkt seiner Vorstellungen stehenden »kollektivem Selbsteigentum« soll die Selbstbestimmtheit des Individuums in einem jeweils kollektiven Rahmen zum Ausgangspunkt eigentumspolitischer Praxen werden. Kollektives Selbsteigentum könne seiner Meinung nach in vielfältigen Formen existieren. Dazu gehörten Genossenschaften, Mitarbeitergesellschaften oder Einrichtungen einer solidarischen Ökonomie. (125f) Einen Bezug zu Marx' Überlegungen hinsichtlich der Identität von individuellem und gesellschaftlichem Eigentum in einer künftigen Gesellschaft stellt Dörre nicht her.

Michael Brie, lange Zeit in führender Position bei der Rosa-Luxemburg-Stiftung engagiert, betont den Gedanken des Liberalismus einer freiheitlichen Gesellschaft, der neben dem historischen Kommunismus als eine der Wurzeln moderner Sozialismus-Konzeptionen zu betrachten sei. Es müsse zur »Ausprägung neuer Formen von Individualität und Gesellschaftlichkeit« kommen, die allerdings einer Vermittlung bedürften. (Brie 2022: 73) »Marx' kommunistische Vision unmittelbarer Identität individueller und gesellschaftlicher Interessen sei nicht realisierbar. »Realisierbar dagegen ist eine sozialistische Gesellschaft, in der die freie Entwicklung der Einzelnen und die freie Entwicklung aller in vielfachen Vermittlungsformen immer wieder neu solidarisch aufeinander bezogen werden.« (73) Brie hält eine ausschließlich vom Individuum ausgehende Eigentumsordnung, wie sie im Anarchismus und ähnlichen Denkrichtungen konzipiert wurde, für genauso zum Scheitern verurteilt, wie eine auf nur gemeinsamem Eigentum beruhende kommunistische Gesellschaft. Im Sozialismus gebe es daher zwei aufeinander bezogene und nicht aufeinander reduzierbare Eigentümer:

»Zum einen sind dies die assoziierten Individuen als Individuen [...] Zum anderen sind auch die assoziierten Individuen als Gesellschaftsglieder Eigentümer, die die Reproduktion des Gesellschaftskörpers mit dem Ziel der Entwicklung der natürlichen und gesellschaftlichen Gemeingüter eines reichen Lebens organisieren und genau dadurch die Bedingungen der freien Entwicklung ihrer Mitglieder sichern. [...] Der Widerspruch zwischen den Individuen einerseits als individuelle Eigentümer und andererseits als gesellschaftliche Eigentümer muss ausgetragen werden. Und dies kann nur geschehen über eine große Pluralität von Besitzformen, in deren Mittelpunkt sozialistische Wirtschaftsunternehmen stehen.« (124)

Bei der Gestaltung dieser Besitzformen sei »eine ungeheure Vielfalt möglich« (135), wobei es angesichts der Komplexität der Gesellschaft nicht die *eine ideale* Besitzform gebe. Genossenschaften und gemeinschaftsbasierte Formen gehörten genauso dazu wie Unternehmen, die große Infrastrukturen und Plattformen als öffentliche Güter verwalten und entwickelten. Im Sozialismus gehe es um die Verwirklichung »einer neuen Kombination und Umgestaltung der vorhandenen Vergesellschaftungsformen mit dem genannten Doppelziel und unter grundlegend veränderten Eigentums- und Machtverhältnissen.« (137) Den Begriff der Enteignung als eines Moments der Vergesellschaftung vermeidet Brie, er benutzt ihn nur in Bezug auf die Formen der Enteignung, auf denen der Kapitalismus beruht.

Die vielleicht detailreichste Ausarbeitung zum Thema der »Regulationsweise in einer solidarischen Gesellschaft«, also auch zu den Eigentumsformen eines demokratischen Sozialismus und des Übergangs zu ihnen stammt von Dieter Klein, einem der Vordenker der Partei Die Linke, der in vielen Fragen mit Brie übereinstimmt. (Klein 2022) Er plädiert für »hybride Eigentumsverhältnisse bei Dominanz von gesellschaftlichem Gemeineigentum«. (67) Er schließt Enteignungen keineswegs aus, glaubt aber nicht, dass gesellschaftliches Eigentum allein zielführend sei. Gemeineigentum im Sinne von Klein ist nicht unbedingt staatliches Eigentum. Er betont:

> »Reales Gemeineigentum bedeutet, dass die von seiner Nutzung betroffenen Bürgerinnen und Bürger tatsächlich einen entscheidenden, institutionellen und rechtsstaatlich gesicherten Einfluss auf den Einsatz der entsprechenden Wirtschaftsressourcen haben. Es setzt voraus, dass sie über die dafür erforderliche Bildung sowie über ausreichende Information zu Zusammenhängen und relevanten Problemlagen verfügen. Und nur in sozialer Sicherheit werden sie die Freiheit unabhängiger Entscheidung haben.« (107f)

Wichtige Eigentumsformen würden das genossenschaftliche Eigentum, alternative, selbstverwaltete Betriebe und Commons sein. Sie führten im Kapitalismus zwar nur ein Nischendasein, seien jedoch ein »Vor-Schein von Prinzipien sozialistischer Wirtschaftsweisen«. Inwieweit sie eine gewisse Rolle bei der Herausbildung eines demokratischen Sozialismus spielen könnten, würde sich noch zeigen. (108) Auch Kapitaleigentum und das Privateigentum kleiner Warenproduzenten hätten in einer solchen Gesellschaft ihren Platz.

> »Die auf dieser Grundlage handelnden Wirtschaftsakteure müssen durch veränderte Rahmenbedingungen, gesetzliche soziale und ökologische Normen, Ge- und Verbote den negativen Wirkungen des Marktes möglichst weitgehend entzogen werden, während ihr konkurrenzgetriebenes innovatives und dynamisches Unternehmertum für eine sozialistische Entwicklung auf nicht absehbar lange Zeit unverzichtbar bleiben wird.« (Ebenda)

Die Veränderung der Eigentumsverhältnisse bilde die Grundlage für die Herausbildung einer progressiven Regulationsweise einer solidarischen Gesellschaft. Diese Regulationsweise beinhalte drei sich wechselseitig bedingende Mechanismen: 1. eine gesellschaftliche Planung und Lenkung, 2. ein gebändigter Marktmechanismus, 3. das Handeln zivilgesellschaftlicher Akteure. (Vgl. Klein 2022: Abbildung S. 103) Wenn die kapitalistische Vergesellschaftung marktförmig ist, aber durch eine starke Konzentration und Zentralisation der realen Verfügungs- und Aneignungsmacht gekennzeichnet ist, so wird bei Klein eine Vergesellschaftungsform sichtbar, die zwar auf Privateigentum und Märkte nicht gänzlich verzichtet, diese aber auf der Basis einer Dominanz von Gemeineigentum verschiedenster Formen gesellschaftlichen Interessen unterordnet. Die Konstituierung gesellschaftlicher Interessen resultiert aus den Entscheidungen und dem Handeln zivilgesellschaftlicher Akteure auf verschiedenen Ebenen. Im Wirken dieser Akteure trete zutage

> »was den Sozialismus im Innersten ausmacht: die freie Persönlichkeitsentfaltung jeder und jedes einzelnen. Sie wird Realität in der Praxis der Selbstermächtigung von Bürgerinnen und Bürgern zur Gestaltung der Gesellschaft. Das ist der tiefere Grund für eine zentrale Stellung der Zivilgesellschaft in einer sozialistischen Regulationsweise.« (171)

An dieser Stelle zitiert Klein den US-amerikanischen Soziologen Erik Ohlin Wright: »Wir können eine Gesellschaft umso eher als sozialistisch bezeichnen, je höher der Grad gesellschaftlicher Ermächtigung mit Bezug auf das Eigentum an wirtschaftlichen Ressourcen und Fähigkeiten sowie deren Gebrauch und Kontrolle ist.« (Wright 2017: 195)

Klein glaubt nicht, dass ein demokratischer Sozialismus die unmittelbar nächste Formation nach dem neoliberalen Kapitalismus ist. Vielmehr seien viele verschiedene Schritte mit »Einstiegsprojekten« im Rahmen eines längeren Reformverlaufs nötig, um diesen zunächst zurückzudrängen. Für diesen Prozess prägte er den Begriff der »doppelten Transformation«. (Klein 2013: 13ff) In seiner neueren Arbeit schreibt er dazu:

> »Das Konzept doppelter Transformation zielt also auf eine Verschränkung eines längeren graduellen innersystemischen Transformationsprozesses mit Einstiegsprojekten in eine system-

> überschreitende Große Transformation. Schon im Verlauf einer progressiven bürgerlich-demokratischen postneoliberalen Transformation des Kapitalismus wären antikapitalistische und potenziell sozialistische Tendenzen, Elemente, Institutionen und Praxen zu entwickeln und zu stützen, die über den Kapitalismus hinausweisen.« (Klein 2022: 226)

Das Konzept der Einstiegsprojekte in Richtung auf eine eventuell auch bruchhafte »Große Transformation«, ein Begriff, den Karl Polanyi geprägt hatte, weist in gewisser Hinsicht Ähnlichkeiten mit dem Projekt der Keimformen oder der Unterscheidung einer »kleinen Wiederaneignung« und einer »großen Wiederaneignung« bei Sabine Nuss auf. Ein Unterschied besteht vor allem in der Bewertung der Rolle des Staates und von gesamtgesellschaftlichem Eigentum.

Worauf sich Klein sehr bewusst bezieht, sind die Vorstellungen von Erik Ohlin Wright. Dessen »reale Utopien« gehen von der Erschöpfung der Transformationsmodelle sowohl von Reform als auch von Revolution aus. (Wright 2017: 10f) Anstelle eines Reformismus von oben und eines revolutionären Bruchs soll der Kapitalismus »dadurch erodiert werden, dass in den Räumen und Rissen innerhalb kapitalistischer Wirtschaften emanzipatorische Alternativen aufgebaut werden«. (11) Über den Weg einer Ausweitung dieser Alternativen soll der Kapitalismus untergraben und schließlich ein Punkt erreicht werden, ab dem das kapitalistische Eigentum seine Vorherrschaft verliert. (12) Ausführlich geht er auf diese Alternativen ein, die auch unterschiedliche Eigentumsformen, darunter auch öffentliches Eigentum und Commons beinhalten. Der klassische Gedanke der Vergesellschaftung mit dem Auftakt von Enteignungen findet sich bei Wright nicht. Priorität habe die Demokratisierung der Wirtschaft. Diesem Tenor und dem Konzept der »Einstiegsprojekte« ist auch meine Arbeit »Eigentum im 21. Jahrhundert. Metamorphosen, Transformationen, Revolutionen« (Leibiger 2022a) verbunden.

6. Enteignung und Vergesellschaftung im Recht

Wesenskern aller Rechtsordnungen ist die Sicherung und Regulierung der Eigentumsordnung, deren Charakter im Kapitalismus durch das Privateigentum an den Produktionsmitteln geprägt wird. Trotzdem sind Enteignungen und in einigen Fällen sogar die Vergesellschaftung durch das Recht gedeckt. Das deutsche Grundgesetz lässt nach Artikel 14 – in dem die Institutsgarantie des Eigentums formuliert ist – Enteignungen zum Wohle der Allgemeinheit zu und postuliert im Artikel 15, dass Produktionsmittel »zum Zweck der Vergesellschaftung« in »Gemeineigentum oder in andere Formen der Gemeinwirtschaft überführt werden« können. Das wirft die Frage nach der generellen Behandlung von Enteignung und Vergesellschaftung im Recht auf.

Vorausgeschickt sei, dass es bei politischen Umbrüchen in der Geschichte, in denen die Eigentumsordnung verändert wurde, es auch um ein Handeln *gegen* bestehendes Recht geht. Auch historisch weit zurückliegende Enteignungen in Form von Eroberungen fremden Gebiets wurden zwar von den Eroberern, nicht jedoch von den Bewohnern der eroberten Gebiete als rechtens angesehen. Die Sklavenbefreiung und Enteignung der Gläubiger durch den sumerischen König Urukagina vor dreitausend Jahren oder durch den Reformer Solon im alten Griechenland, die Säkularisierung von Kirchengut in der Reformationszeit oder die Enteignung des Adels in der Französischen Revolution hatten, auch wenn sie begründet und gerechtfertigt wurden, keine rechtlichen Grundlagen. Und im Prozess der Dekolonisation wurden im Verlauf des 19. und 20. Jahrhunderts Nationalisierungen, die Verstaatlichung des Besitzes der Kolonialherren im großen Maßstab vorgenommen und mussten in den meisten Fällen von diesen schließlich akzeptiert werden. Rechtliche Grundlagen wurden von den neuen

Machthabern in ihrer Übermacht gesehen oder im Nachhinein geschaffen.

Revolutionen sind auch Revolutionen gegen bestehendes Recht. Deshalb wird zum Beispiel in den heute durch das bürgerliche Recht geprägten Gesellschaften die Beseitigung des »alten« britischen Rechts 1776 durch die nordamerikanischen Revolutionäre und die Schaffung eines neuen Rechts nie infrage gestellt. Gleiches gilt in der Französischen Revolution mit der Erklärung der Menschen- und Bürgerrechte und später dem napoleonischen Code Civil oder auch in der deutschen Novemberrevolution mit Beschlagnahme von Fürstenbesitz, dem Sozialisierungsgesetz und der Schaffung einer neuen Verfassung. In der amerikanischen Unabhängigkeitserklärung von 1776 wird sogar ein Recht auf die Abschaffung einer Regierungsform proklamiert, wenn sie sich als »schädlich« für die Sicherheit und für das »Leben, die Freiheit und das Streben nach Glück« erweist. Es wird postuliert, dass Menschenrechte existieren, die über dem bestehenden Recht stehen. Sie werden *naturrechtlich* begründet und als »selbstverständlich« erachtet oder aus den »Gesetzen der Natur und ihres Schöpfers«, so die US-amerikanische Unabhängigkeitserklärung, abgeleitet. Freilich hatten die nordamerikanischen bürgerlichen Revolutionäre keine Probleme damit, diese »natürlichen« Rechte faktisch nur für sich selbst in Anspruch zu nehmen, nicht jedoch für ihre Sklaven und noch nicht einmal für die Frauen. Noch über Jahrhunderte hinweg wurden zwischen den Rechten für Männer und solchen für Frauen Unterschiede gemacht.

So wenig sich reaktionäre Putschisten in aller Welt um das jeweils bestehende Recht scheren, so wenig scheren sich progressive Revolutionäre darum. Sie gründen ihre Berechtigung zur Revolution und zur Beseitigung der alten Eigentumsordnung auf ihre Gewalt, ihre Überzeugung, im Interesse des Volkes zu handeln oder auf dem, was sie für des Volkes Willen halten. In Revolutionen, die auf marxistischen Grundlagen fußen, ging und geht es überhaupt nicht um irgendein Recht. Obwohl letztlich auch mit der Würde des Menschen und Vorstellungen über Unterdrückung, Gerechtigkeit, Fortschritt und Glück argumentiert wird, werden – was den Übergang des Sozialismus von der Utopie zur Wissenschaft ausmacht – objektive Gesetzmäßigkeiten in den Mittelpunkt gestellt, als deren Exekutor die Arbeiterklasse ausgemacht wurde, die eine »historische Mission« zu erfüllen habe.

Das »Recht auf Revolution« (Arendt 1965) darf nicht mit dem sogenannten Widerstandsrecht, wie es in Artikel 20 des deutschen Grundgesetzes garantiert wird, verwechselt werden. Dieses ist auf den Erhalt der *bestehenden Verfassungsordnung* und nicht auf deren Beseitigung gerichtet (was in ökonomischer Hinsicht die Vergesellschaftung nicht ausschließt). Es richtet sich gegen Bestrebungen, die Verfassung zu beseitigen. Wenn hier also die Frage nach Enteignung oder Vergesellschaftung im Recht aufgeworfen wird, dann steht das existierende Recht im Mittelpunkt, das grundsätzlich auf den Bestand der jeweiligen Ordnung ausgerichtet ist. Das deutsche Grundgesetz war und ist Garant einer kapitalistischen Entwicklung, in deren Verlauf die Klassengegensätze, geprägt durch das privatkapitalistische Eigentum an den Produktionsmitteln, der diesbezüglichen Eigentumslosigkeit der Lohnarbeiter und deren Ausbeutung ständig reproduziert wurden. Daran ändert auch die Möglichkeit von Klassenkompromissen und sozialem Fortschritt auf vielen Gebieten nichts. Das Grundgesetz garantiert gleichermaßen die neoliberale Aufkündigung dieses Kompromisses und vielfache Angriffe auf das Sozialsystem.

Trotz der Garantien für das kapitalistische Eigentum war und ist in vielen der in den entwickelten Ländern bestehenden rechtlichen Regelungen die Möglichkeit von Enteignungen oder zumindest der Einschränkung von privaten Eigentumsrechten vorgesehen. Ohne ein solches Recht ist zum Beispiel die Errichtung großer öffentlicher Bauwerke wie Straßen oder

Wasserleitungen im Römischen Reich oder im Feudalismus oder die Konfiskation von Eigentum im Kriegsfalle kaum denkbar. Zwar handelte es sich dabei nicht unbedingt um Gesetze, sondern häufig um Rechtsakte von Fall zu Fall, aber nichtsdestotrotz waren diese Akte rechtlich abgesichert.*

Mit der Entwicklung des Kapitalismus wurden nicht nur die Rechtfertigung, sondern auch das Recht auf Enteignung zu einem festen Bestandteil der Gesetzgebung. Das Privateigentum wurde also nicht als ein über allem anderen Recht stehendes Institut begriffen. In Artikel 17 der französischen Erklärung der Menschen- und Bürgerrechte von 1789 heißt es: »Da das Eigentum ein unverletzliches und geheiligtes Recht ist, kann es niemandem genommen werden, es sei denn, dass die gesetzlich festgestellte öffentliche Notwendigkeit dies eindeutig erfordert und vorher eine gerechte Entschädigung festgelegt wird.« Es wird also eine »öffentliche Notwendigkeit« anerkannt, die über der Eigentumsgarantie steht. Diese Notwendigkeit entspringt nicht unbedingt einem wie auch immer definierten »Gemeinwohl«, sondern zumeist den Interessen der herrschenden Klasse in ihrer Gesamtheit, die über die individuellen Interessen einzelner Eigentümer gestellt werden. Nur so lässt sich ein Recht auf Enteignung begründen.

Bürgerliche Verfassungen enthielten von Anfang an auch Enteignungsrechte. Das war erstmals im Gefolge der Amerikanischen und Französischen Revolution, der Erklärung der Menschenrechte von 1789 und den Bill of Rights von 1791 der Fall. Aber auch im Recht aufgeklärter Monarchien wurden in dieser Zeit Enteignungsmöglichkeiten verankert. Nach Preußischem Allgemeinem Landrecht von 1794 könne der Staat das Privateigentum »zum Besten des gemeinen Wohls« einschränken, wobei der Eigentümer »schadlos gehalten« werden

* Vgl. zum sogenannten »Einziehungsrecht des Staates« ab dem 4. Jahrhundert v. u. Z. im Römischen Reich Meyer 1868: 28ff.

müsse. Solche Bestimmungen über die Möglichkeit von Enteignungen finden im 19. Jahrhundert in sehr viele verfassungsrechtliche oder gesetzliche Regelungen Eingang. Der Artikel 14 des Grundgesetzes von 1949 über Eigentum und Enteignung stellt also keine Ausnahme in der bürgerlichen Rechtsordnung dar.* Der Artikel lautet:

> »(1) Das Eigentum und das Erbrecht werden gewährleistet. Inhalt und Schranken werden durch die Gesetze bestimmt. (2) Eigentum verpflichtet. Sein Gebrauch soll zugleich dem Wohle der Allgemeinheit dienen. (3) Eine Enteignung ist nur zum Wohle der Allgemeinheit zulässig. Sie darf nur durch Gesetz oder auf Grund eines Gesetzes erfolgen, das Art und Ausmaß der Entschädigung regelt. …«

Das Grundgesetz enthält keine Eigentumsdefinition, sondern verweist diese – die Bestimmung des Inhalts von Eigentum – an den Gesetzgeber. Damit unterwirft es diese Inhaltsbestimmung einer Veränderungsmöglichkeit durch die jeweilige Legislative. Es macht darüber hinaus von vornherein klar, dass es kein absolutes Recht ist, sondern beschränkt werden kann. Der Gebrauch des Eigentums soll nicht nur eigennützig sein, sondern auch dem »Wohle der Allgemeinheit« dienen. Das heißt, viele Eingriffe in das Privateigentum, die zum Beispiel im Interesse von Gesundheit-, Arbeits- und Umweltschutz, durch die Steuer- und Abgabengesetzgebung oder die Mitbestimmungsgesetze des kollektiven Arbeitsrechts erfolgen, sind nicht, wie von Betroffenen oft behauptet und bei Gericht vorgebracht, eine Enteignung im Sinne des Grundgesetzes. Um eine Enteignung handelt es sich erst dann, wenn es zu einer Eigentumsübertragung auf einen neuen Eigentümer kommt und dies

* Im Folgenden wird insbesondere das deutsche Grundgesetz in den Mittelpunkt gestellt. Die Verfassungen der deutschen Länder, in denen teils andere und sogar – wie im Falle Hessens – weitergehende einschlägige Bestimmungen existieren, finden hier keine Berücksichtigung. Vgl. dazu unter anderem Brückner 2013.

gegen eine Entschädigung erfolgt. Enteignung muss dabei nicht unbedingt eine Verstaatlichung sein, auch die Übertragung an andere Eigentümer ist denkbar. Solche Enteignungen sind vor allem im Zusammenhang mit der Entwicklung der Infrastruktur eine alltägliche Praxis. Allein im Jahr 2022 hat es in Deutschland im Zusammenhang mit dem Ausbau des Straßennetzes 127 Enteignungen gegeben. (taz vom 9.2.2023) Solche Enteignungen betreffen auch nicht nur unternehmerisches Privateigentum, sondern auch konsumtives Eigentum. Besonders drastisch sind Enteignungen im Zuge der Bergbauerweiterung. Mehrere hundert Siedlungen mussten in Deutschland solchen Erweiterungen weichen; die Besitzer von Grund und Boden sowie von Wohneigentum wurden dafür zugunsten privater Bergwerkskonzerne enteignet.

Rechtliche Bestimmungen über eine *Vergesellschaftung* sind trotz gewisser Überschneidungen mit dem Begriff und dem Prozess einer Enteignung anders einzuordnen. Am 16. April 1871 wurde durch die Pariser Kommune ein Gesetz erlassen, wonach die von ihren »Leitern« verlassenen Fabriken durch »kooperative Assoziationen der Arbeiter, die in ihnen beschäftigt waren«, in Betrieb genommen werden sollen. (Villain 1975: 196) Hier wurde im Zuge der Überwindung des alten, kapitalistischen Rechts erstmals eine Vergesellschaftung zugunsten von Arbeiterassoziationen dekretiert. Die Kürze des Bestehens der Kommune verhinderte, dass diese Assoziationen sich dauerhaft etablieren konnten. Andere Formen des Gemeineigentums, insbesondere Genossenschaften, entstanden nicht durch Vergesellschaftung im Sinne der Enteignung von Privateigentümern zugunsten einer Gemeinschaft, sondern durch Neugründung. Im Deutschen Reich wurde bereits 1889 ein Genossenschaftsgesetz erlassen.

Es versteht sich von selbst, dass sich als sozialistisch oder kommunistisch verstehende Regierungen wie 1917 die der Bolschewiki in Russland gesetzliche Regelungen über Enteignungen erließen, die über das bürgerliche Enteignungsrecht hinausgehen. Im »Dekret über den Boden«, eines ihrer ersten Dekrete überhaupt, wurde das Land zum »Allgemeingut aller, die darauf arbeiten,« erklärt. Es schloss die faktische Verstaatlichung von Grund und Boden und deren Übergabe an die Bauern, die sie bewirtschaften, ein. Es ging also tatsächlich, auch wenn der Begriff nicht gebraucht wurde, um einen Akt der Vergesellschaftung. Auch nach dem Zweiten Weltkrieg wurden in den später zum sozialistischen Lager oder deren Umkreis gehörenden Ländern Verfassungen und Gesetzgebungen geschaffen, in denen das gesellschaftliche Eigentum in verschiedener Form verankert war.

Aber nicht in Sowjetrussland, der ungarischen Räterepublik von 1919 oder den späteren sozialistischen Ländern, sondern im Gefolge der deutschen Novemberrevolution wurde erstmals in der Geschichte der Begriff der »Vergesellschaftung« in eine Verfassung aufgenommen. Artikel 156 der Weimarer Verfassung lautet:

> »Das Reich kann durch Gesetz, unbeschadet der Entschädigung, in sinngemäßer Anwendung der für Enteignung geltenden Bestimmungen, für die Vergesellschaftung geeignete private wirtschaftliche Unternehmungen in Gemeineigentum überführen. Es kann sich selbst, die Länder oder die Gemeinden an der Verwaltung wirtschaftlicher Unternehmungen und Verbände beteiligen oder sich daran in anderer Weise einen bestimmenden Einfluss sichern.«

In diesem Artikel wird, wie im zuvor erlassenen »Sozialisierungsgesetz«, die Vergesellschaftung nicht als zwingend, sondern hinsichtlich »geeigneter« Privatunternehmen als Möglichkeit festgelegt. Das neu zu schaffende »Gemeineigentum« wird nicht näher charakterisiert, aber die öffentlichen Körperschaften (Reich, Länder und Gemeinden) können »bestimmenden Einfluss« haben. Praktische Bedeutung erlangten weder der Artikel 156 noch das Sozialisierungsgesetz. Die staatlich verordnete

Syndikatsbildung (der zwangsweise Zusammenschluss in einem Verband) in einigen Wirtschaftszweigen erfolgte unter Beibehaltung des Privateigentums und führte faktisch zur Stärkung der großen monopolistischen Unternehmen, die sich in den Organen dieser Syndikate den bestimmenden Einfluss sicherten. Auch in Österreich wurden 1919 ein Sozialisierungsgesetz und Gesetze zur Vergesellschaftung geschaffen. In Frankreich und Großbritannien kam es auf Druck der Arbeiter zwar zu Verstaatlichungen, aber allgemeine gesetzliche Regelungen dazu blieben im Entwurfsstadium stecken. (Vgl. Weissel 1976: 107ff, 144ff)

Der Artikel 15 des deutschen Grundgesetzes von 1949 über die Vergesellschaftung von Produktionsmitteln knüpft an die Bestimmungen der Weimarer Verfassung an und ist Ergebnis eines politischen Kompromisses zwischen der SPD sowie CDU und CSU im Parlamentarischen Rat hinsichtlich der Festlegung einer Wirtschaftsordnung. Obwohl selbst christlich-sozial orientierte Kreise nach 1945 wie die SPD und die KPD zunächst das Scheitern der kapitalistischen Ordnung konstatierten, gewannen die konservativen Kräfte auch unter dem Rückhalt und auf Drängen der westlichen Besatzungsmächte schnell wieder an Einfluss. So konnte die SPD nur durchsetzen, dass die Frage der künftigen Wirtschaftsordnung verfassungsrechtlich offengelassen wurde, aber immerhin die Möglichkeit einer Vergesellschaftung der Produktionsmittel wie in der Weimarer Verfassung eingeräumt wurde. Wie alles Recht spiegelt also auch der deutsche Verfassungskompromiss die Klassenwidersprüche und die Kräfteverhältnisse in der Zeit ihrer Entstehung wider. Die Kompromissformel des Artikels 15 lautet:

> »Grund und Boden, Naturschätze und Produktionsmittel können zum Zwecke der Vergesellschaftung durch ein Gesetz, das Art und Ausmaß der Entschädigung regelt, in Gemeineigentum oder in andere Formen der Gemeinwirtschaft überführt werden. Für die Entschädigung gilt Artikel 14 Abs. 3 Satz 3 und 4 entsprechend.«

Während Artikel 14 des Grundgesetzes, in dem Enteignungen geregelt sind, ständig zur Anwendung kommt, wurde Artikel 15 beim Berliner Volksentscheid ›Deutsche Wohnen und Co. enteignen‹ zum ersten Mal praktisch bemüht. Für die angestrebte Vergesellschaftung von privaten Wohnungsbeständen großer Immobilienkonzerne stimmten am 26. September 2021 59 Prozent der sich beteiligenden Bürger Berlins. Über die Umsetzung wird noch vier Jahre später verhandelt, und ob sie Wirklichkeit wird, steht in den Sternen. Der Berliner Senat wendet eine Verzögerungstaktik an und errichtet immer neue politische und rechtliche Hürden gegen die Verwirklichung des Volksentscheids. Hier bewahrheitet sich schon im Kleinen Gramscis Einschätzung von der »robusten Kette von Festungen und Kasematten«, die das bestehende System schützen. (Gramsci 1930/2012: 874)

Ganz praktisch wird an diesem konkreten Verfahren deutlich, wie unbestimmt Artikel 15 ist und welche Interpretationsspielräume er zulässt. Der Hinweis auf das Erfordernis eines Gesetzes überlässt es auch hier dem jeweiligen Gesetzgeber, das heißt parlamentarischen Mehrheiten, zu bestimmen, ob und wie er in die Praxis umgesetzt wird. Er bleibt damit in die Struktur der Klassen- und Kräfteverhältnisse der jeweiligen Situation eingebettet. Und obwohl sich der Sinn des Grundgesetzes nur aus dem konkreten Wollen der Beteiligten in der Zeit seiner Entstehung und Verabschiedung ergibt, hat sich der Bestand an Gesetzen, internationalen Verträgen und Rechtsetzungen, in denen das Wirtschaftssystem einer »sozialen Marktwirtschaft« festgeschrieben wurde, seitdem erheblich erweitert. Auch wenn dies für das Grundgesetz de jure keine Relevanz besitzt, beeinflusst das natürlich seine heutige Interpretation und Handhabung.

Mit der Formulierung einer Überführung der genannten Eigentumszwecke in Gemeineigentum »zum Zwecke der Vergesellschaftung« wird die Vergesellschaftung formal nicht an das Ziel eines Allgemeinwohls gebunden, sondern als eine Art

Selbstzweck behandelt. Die Formulierung lautet nicht, dass vergesellschaftet werden kann, wenn es dem Allgemeinwohl dient, vielmehr wird unterstellt – so zumindest eine Interpretationsmöglichkeit – dass Vergesellschaftung per se allgemeinwohlorientiert ist. Was Vergesellschaftung von Rechts wegen tatsächlich beinhaltet, wird offengehalten.

Als mögliche Objekte einer Vergesellschaftung werden Grund und Boden, Naturschätze und Produktionsmittel genannt. Hierbei geht es also in der Tat um die strukturbestimmenden Eigentumsobjekte, zumindest wenn der Begriff der Produktionsmittel nicht statisch aufgefasst wird, sondern alle Mittel, die der Produktion dienen, einbezieht. Das ist durchaus umstritten; zum Beispiel wurden in der Zeit der Entstehung des Grundgesetzes geistige Güter nicht unbedingt als Produktionsmittel betrachtet. Geht es also um Algorithmen, Software, Künstliche Intelligenz oder um Instrumente der Gentechnik – die aus materialistischer Sicht unbestreitbar auch Produktionsmittel sind –, so dürfte sich darum ein rechtlicher Streit entfachen. Dieser Streit gilt auch für die Bereiche Handel, Banken und Versicherungen sowie Verkehrs- und Transportwesen. Auch beim Berliner Vergesellschaftungsvorhaben wurde in manchen Stellungnahmen eingewandt, dass Wohnungen, obwohl sie in der Hand von Immobilienkonzernen unzweifelhaft der Produktion dienen – doch eher Konsumtions- als Produktionsmittel seien.

Das Mittel der Vergesellschaftung ist die Überführung der betroffenen Objekte in »Gemeineigentum« oder »andere Formen der Gemeinwirtschaft«. Es ist weithin anerkannt, dass es sich dabei nicht zwingend um staatliches Eigentum, sondern um das Eigentum einer Gemeinschaft, handelt, die ihren Wirtschaftszweck und die Mittel ihres Handelns selbst bestimmt und die nicht primär profitorientiert agiert. Das Gemeineigentum wird in dessen Formulierung zwar besonders hervorgehoben, aber andere Formen von Gemeinwirtschaft sind möglich. Eine konkrete Rechtsform fordert der Artikel 15 nicht. Nach dem

Gutachten der Expertenkommission Berliner Volksentscheid kämen dafür »sämtliche juristische Personen des öffentlichen Rechts, also insbesondere staatliche oder kommunale Gebietskörperschaften, öffentlich-rechtliche Stiftungen und auch eine Anstalt des öffentlichen Rechts« in Betracht, weil sie in ihrem Handeln nicht auf private, sondern öffentliche Zwecke festgelegt seien. (Expertenkommission 2023: 13) Zu den gemeinwirtschaftlichen Formen gehören darüber hinaus auch genossenschaftliche Unternehmensformen, zumindest wenn sie gemeinnützige Ziele verfolgen.

Hinsichtlich der Frage der Entschädigung wird auf Artikel 14 verwiesen: »Die Entschädigung ist unter gerechter Abwägung der Interessen der Allgemeinheit und der Beteiligten zu bestimmen.« Da es also nicht etwa um den Ankauf der in Rede stehenden Objekte geht, kann es damit nicht um eine Entschädigung entsprechend dem Marktwert gehen. Sie könnte wohl kaum im Interesse der Allgemeinheit sein. Trotzdem wird durch die Entschädigungsformel den enteigneten Eigentümern ihr Kapital teilweise erhalten. Seine Höhe hängt davon ab, was im betreffenden Fall unter »gerechter Abwägung der Interessen« verstanden und ausgehandelt wird. Es kann aber immer nur um Einzelfälle gehen, ein Umbau der gesamten Gesellschaft in einem überschaubaren Zeitraum ist damit kaum möglich.

Der marxistische Politikwissenschaftler Wolfgang Abendroth stellte unter Würdigung auch anderer Artikel, insbesondere auch dem »Sozialstaatsartikel«, fest:

> »So bleibt daran festzuhalten, dass das Grundgesetz zwar das spätkapitalistische Wirtschaftssystem und seine sozialen Widersprüche und politischen Gefahren mit wenigen Veränderungen bestehen gelassen hat, aber die Chance garantiert, es mit gesetzlichen Mitteln und ohne Grundgesetzänderung durch Entscheidung der Majorität der Legislative, die durch den Wähler erzwungen werden kann, in eine sozialistische Ordnung zu verwandeln.« (Abendroth 1975: 69)

Auch ein anderer einflussreicher Grundgesetzkommentar konstatiert, der Artikel 15 sei »das fortbestehende Angebot an denjenigen, der die augenblickliche Wirtschaftsordnung ablehnt, innerhalb der grundgesetzlichen Ordnung und nicht außerhalb dieser für seine Ziele zu kämpfen.« (Münch/Kunig 1992: 907) Im Gutachten zum Berliner Vergesellschaftungsvorhaben wird von der Expertenkommission erneut die Offenheit des Grundgesetzes in dieser Frage festgehalten. Der Begriff eines »sozialistischen« Eigentums fällt natürlich nicht, entsprechend dem Verfassungstext wird von Gemeineigentum gesprochen. (Expertenkommission 2023: 33)

Diese Position wird sowohl von konservativer Seite als auch von manchen linken Kritikern des Grundgesetzes bestritten. Beide behaupten mit unterschiedlichen Intentionen, Begründungen und Formulierungen, das Grundgesetz schriebe faktisch die bestehende Wirtschaftsordnung fest. Im Online-Staatslexikon schreibt Rudolf Wendt, »dass Artikel 15 GG keine Handhabe bildet, die private Wirtschaftstätigkeit auf breiter Front zurückzudrängen.« Für eine solche Sicht spreche die Berufs- und Gewerbefreiheitsgarantie des Artikel 12, zudem stünden Artikel 14 (Eigentumsgarantie) und 15 in einem »nicht umkehrbaren Regel-Ausnahme-Verhältnis zueinander.« (Wendt 2024) Albert Kröll, ein linker Kritiker des Grundgesetzes und eines »linken« Verfassungspatriotismus bezeichnet die Sozialisierungsermächtigung als »ein Notstandsinstrument im Dienst der Eigentumsordnung.« (Kröll 2009: 87) Dies trifft für den Enteignungsartikel 14 (3) zweifellos zu; für den Vergesellschaftungsartikel steht die Probe aufs Exempel noch aus.

Interpretation und Handhabung des Rechts auf Enteignung und Vergesellschaftung bleiben also Gegenstand ideologischer und interessengebundener Auseinandersetzungen. Ob eine sozialistische Wirtschaftsordnung mit der Dominanz eines gesellschaftlichen oder Gemeineigentums als ihrem Kernstück je und dauerhaft auf Basis des Grundgesetzes errichtet werden kann, darf freilich bezweifelt werden. Da war bei Abendroth wohl der Wunsch der Vater des Gedankens. Damit ist die Bedeutung des Artikel 15 für Einstiegsprojekte zum Zurückdrängen des kapitalistischen Privateigentums auf vielen Gebieten der Wirtschaft keineswegs negiert. Seine Verteidigung ist ein Muss von Bewegungen, die sich eine Vergesellschaftung der Produktionsmittel zum Ziel setzen.

Literaturverzeichnis

Hinweis: Karl Marx und Friedrich Engels werden nach »Karl Marx, Friedrich Engels: Werke. Berlin«, (»Blaue Bände«, DDR-Ausgabe) unter Angabe des Kürzels MEW sowie der Bandnummer ohne Erscheinungsjahr und -ort angeführt. In gleicher Weise wird mit den Werken von Wladimir I. Lenin (LW) verfahren.

Abendroth, Wolfgang (1975): Das Grundgesetz. Eine Einführung in seine politischen Probleme. Pfullingen

Adelung, Johann Christoph (1801): Grammatisch-kritisches Wörterbuch der hochdeutschen Mundart. Band IV. Leipzig

Alternative Models of Ownership (2016). London

Arendt, Hannah (1965): Gespräch zwischen Hannah Arendt und Carlo Schmid am 19.10.1965. www.hannaharendt.net/index.php/han/article/view/296/423 (19.3.2024)

Arbeitsgruppe Alternative Wirtschaftspolitik (1981): Memorandum '81. Köln

Autorenkollektiv (1969): Politische Ökonomie des Sozialismus und ihre Anwendung in der DDR. Berlin (DDR)

Autorenkollektiv (1976): Bürgerliche und kleinbürgerliche ökonomische Sozialismuskonzeptionen (1848-1917). Berlin (DDR)

Autorenkollektiv (1978): Bürgerliche und kleinbürgerliche ökonomische Sozialismuskonzeptionen (1917-1945). Berlin (DDR)

Autorenkollektiv (1981): Bürgerliche und kleinbürgerliche ökonomische Theorien über den Sozialismusnach dem zweiten Weltkrieg. Berlin (DDR)

Azzellini, Dario / Ness, Immanuel (Hg.) (2012): »Die endlich entdeckte Form«. Fabrikräte und Selbstverwaltung von der Russischen Revolution bis heute. Köln

Bahro, Rudolf (1977): Die Alternative. Zur Kritik des real existierenden Sozialismus. Hamburg

Bauer, Otto (1919): Der Weg zum Sozialismus. Wien

Bebel, August (1893): Zukunftsstaat und Sozialdemokratie. Berlin

Berfelde, Rabea / Blumenfeld, Jacob (2024): Von der Vergesellschaftung zur Planung und zurück. In: PROKLA 215, Juni 2024. S. 177-193

Bergmann, Theodor (2004): Rotes China im 21. Jahrhundert. Hamburg

Bernstein, Eduard (1899): Die Voraussetzungen des Sozialismus und die Aufgaben der Sozialdemokratie. Stuttgart

- (1918): Was ist Sozialisierung? Flugblatt. Berlin
- (1919): Die Sozialisierung der Betriebe. Basel
Bontrup, Heinz-J. / Marquardt, Ralf-M. (2021): Volkswirtschaftslehre aus orthodoxer und heterodoxer Sicht. Eine Einführung. Berlin/Boston
Brangsch, Lutz (2016): Das Räte-System wird praktisch: Arbeiterselbstverwaltung in Jugoslawien, in: Lutz Brangsch / Michael Brie (Hg.) (2016), S. 112-121
Brangsch, Lutz / Brie, Michael (2016): »Sozialismus oder Kommunismus – Was sonst!« In: Lutz Brangsch / Michael Brie (2016): S. 227-238
- (Hg.) (2016): Das Kommunistische. Oder: Ein Gespenst kommt nicht zur Ruhe. Hamburg
Brie, Michael (1990): Wer ist Eigentümer im Sozialismus? Berlin
- (Hg.) (2014): Futuring. Perspektiven der Transformation im Kapitalismus über ihn hinaus. Münster
- (2022): Sozialismus neu entdecken. Hamburg
- (2023): Chinas Sozialismus neu entdecken. Hamburg
Brückner, Martin Lars (2012): Sozialisierung in Deutschland. Verfassungsgeschichtliche Entwicklung und ihre Hintergründe. München
Buckmiller, Michael (2022): Sozialismus kommt von Sozialisierung. In: Luxemburg 1/2022, S. 75-81
Candeias, Mario u. a. (2022): Believe the hype! Vergesellschaftung kann ein Kompass für die Erneuerung der Linken sein. In: Luxemburg 1/22, S. 20-29
Castells, Manuel (2001): Der Aufstieg der Netzwerkgesellschaft. Opladen
Cockshott, Paul / Cottrell, Allin (1993/2006): Alternativen aus dem Rechner. Köln
Considerant, Victor (1841/1975): Kurzer Abriss von Fouriers Phalanxsystem. In: Joachim Höppner / Waltraud Seidel-Höppner: Von Babeuf bis Blanqui. Band II. Leipzig 1975, S. 212-249
Däumig, Ernst (1919): Das Rätesystem. Berlin
Daum, Timo / Nuss, Sabine (Hg.) (2021): Die unsichtbare Hand des Plans. Berlin
Degen, Hans-Jürgen / Knoblauch, Jochen (2008): Anarchismus. Stuttgart
Demirović, Alex (2009): Rätedemokratie oder das Ende der Politik. In: PROKLA Heft 155 (2/2009), S. 181-206
- (Hg. (2018)): Wirtschaftsdemokratie neu denken. Münster
Deppe, Frank (2021): Sozialismus, Hamburg
Deutsche Wohnen & Co. enteignen (Hg.) (2022): Wie Vergesellschaftung gelingt. Zum Stand der Debatte. Berlin
Deyer-Whiteford, Nick (2007): Commonism. www.turbulence.org.uk/turbulence-1/commonism/ (1.2.2018) [Übers. eines Zitats daraus: J. L.]
Dieterichs, Heinz (2006): Der Sozialismus des 21. Jahrhunderts. Berlin

Dörre, Klaus (2021): Die Utopie des Sozialismus. Kompass für eine Nachhaltigkeitsrevolution. Berlin

Drau, Indigo / Klick, Joanna (2024): Alles für alle. Revolution als Commonisierung. Stuttgart

DSAUSA (2024): www.dsausa.org/about-us/constitution/ (Zugriff: 5.6.2024)

Elsen, Susanne (2008): Die Ökonomie des Gemeinwesens. In: Giegold, Sven / Embshoff, Dagmar (2008): Solidarische Ökonomie im globalisierten Kapitalismus. Hamburg

Engels, Friedrich (1873): Zur Wohnungsfrage. MEW 18, S. 209-287

- (1878a): Herrn Eugen Dührings Umwälzung der Wissenschaft (Anti-Dühring). MEW 20, S. 1-303

- (1878b): Ergänzungen und Änderungen im Text Anti-Dühring. MEW 20, S. 604-620

- (1880): Die Entwicklung des Sozialismus von der Utopie zur Wissenschaft. MEW 19, S. 189-228

- (1886): Brief an August Bebel vom 20.1.1886. MEW 36, S. 424-426

- (1891a): Engels an Karl Kautsky. MEW 38, S. 156-158

- (1891b): Brief an Conrad Schmidt in Zürich. MEW 38, S. 128-129

- (1893): Interview mit dem Korrespondenten der Zeitung *Le Figaro* am 8. Mai 1893. MEW 22, S. 538-543

- (1894a): Die Bauernfrage in Frankreich und Deutschland, MEW 22, S. 483-505

- (1894b): Brief an Giuseppe Canepa (Entwurf vom 9. Januar 1894). MEW 39, S. 194

Expertenkommission (2023): Vergesellschaftung großer Wohnungsunternehmen. Abschlussbericht. Berlin

Felber, Christian (2010): Gemeinwohlökonomie. Wien

Fichtner, Jan / Heemskerk, Eelke M. / Garcia-Bernardo, Javier (2017): Hidden Power of the Big Three? In: Business and Politics, April 2017

Fricke, Fritz (1920): Die Rätebildung im Klassenkampf der Gegenwart. Berlin

Fülberth, Georg (2014): Sozialismus. Köln

Giegold, Sven / Embshoff, Dagmar (2008): Solidarische Ökonomie im globalisierten Kapitalismus. Hamburg

Graeber, David (2012): Schulden. Die ersten 5000 Jahre. Stuttgart

Gramsci, Antonio (1917): Die Revolution gegen das Kapital. www.marxists.org/deutsch/archiv/gramsci/1917/11/antikap.htm

- (1930/2012): Gefängnishefte Band 4. Hamburg

Gruppe Internationaler Kommunisten (Holland) (1930/1970): Grundprinzipien kommunistischer Produktion und Verteilung. Berlin

Habermann, Friederike (2009): Halbinseln gegen den Strom. Köln

- (2016): Ecommony. UmCare zum Miteinander. Sulbach am Taunus

Hardt, Michael / Negri, Antonio (2010): Common Wealth. Das Ende des Eigentums. Frankfurt a. M. / New York
Harich, Wolfgang (1975): Kommunismus ohne Wachstum? Babeuf und der Club of Rome. Reinbek
Harvey, David (2005): Der neue Imperialismus. Hamburg
Helfrich, Silke / Heinrich-Böll-Stiftung (Hg.) (2012): Commons. Für eine neue Politik jenseits von Markt und Staat. Bielefeld
Helfrich, Silke / Bollier, David / Heinrich-Böll-Stiftung (Hg.) (2015): Die Welt der Commons. Muster gemeinsamen Handelns. Bielefeld
Hilferding, Rudolf (1910/1947): Das Finanzkapital. Berlin
Hirsch, Joachim (2005): Materialistische Staatstheorie. Hamburg
Hobsbawm, Eric (1999): Einleitung. In: Karl Marx / Friedrich Engels: Das Kommunistische Manifest: Eine moderne Edition. Hamburg 1999, S. 7-38
Höpner, Martin / Waclawczyk, Maximilian (2012): Opportunismus oder Ungewissheit? Mitbestimmte Unternehmen zwischen Klassenkampf und Produktionsregime. MPIfG-Paper 1, 2012
Holloway, John (2002): Die Welt verändern, ohne die Macht zu übernehmen. Münster
Jung, Heinz (1986): Deformierte Vergesellschaftung. Zur Soziologie des staatsmonopolistischen Kapitalismus in der BRD. Berlin (DDR)
Kant, Immanuel (1784): Idee zu einer allgemeinen Geschichte in weltbürgerlicher Absicht. Berlinische Monatsschrift (www.projekt-gutenberg.org/kant/absicht/absicht.html)
Kautsky, Karl (1902): Die soziale Revolution. Teil II: Am Tage nach der sozialen Revolution. Berlin
Klein, Dieter (2013): Das Morgen tanzt im Heute. Hamburg
- (2022): Regulation in einer solidarischen Gesellschaft. Hamburg
Klopotek, Felix (2021): Rätekommunismus. Stuttgart
Korsch, Karl (1912): Die sozialistische Formel für die Organisation der Wirtschaft. In: Die Tat, IV/9 (Dez. 1912), S. 507-509. (www.marxists.org/deutsch/archiv/korsch/1912/12/formel.htm
- (1919): Was ist Sozialisierung? Hannover
Krause, Werner / Rudolph, Günther (1980): Grundlinien des ökonomischen Denkens in Deutschland 1848 bis 1945. Berlin
Krölls, Albert (2009): Das Grundgesetz – ein Grund zum Feiern? Hamburg
Kropotkin, Peter (1923): Gegenseitige Hilfe in der Tier- und Menschenwelt. Leipzig
Krüger, Stephan (2016): Wirtschaftspolitik und Sozialismus. Hamburg
Kunig, Philip / Münch, Ingo von (1992): Grundgesetz-Kommentar, Band 1. München

Künzli, Arnold (1986): Mein und Dein. Zur Ideengeschichte der Eigentumsfeindschaft. Köln

Kurz, Robert (1999): Schwarzbuch Kapitalismus. Ein Abgesang auf die Marktwirtschaft. Frankfurt a. M.

Leibiger, Jürgen (2010): Reclaim the Budget. Staatsfinanzen reformieren. Einführung in eine alternative Finanzpolitik. Köln

- (2018): Ende oder Transformation des Eigentums? In: Berliner Debatte Initial 29 (2018) 2, S. 120-132

- (2022a): Eigentum im 21. Jahrhundert. Metamorphosen, Transformationen, Revolutionen. Münster

- (2022b): Die Eigentumsfrage des 21. Jahrhunderts. Rezension zu von Pechmann. In: Z. Zeitschrift marxistische Erneuerung Nr. 129 (März 2022). S. 186-192

- (2023): Sozialisierung. Debatten und Bewegungen in der Weimarer Republik. In: Berliner Debatte Initial Band 34, Heft 2, S. 89-103

Leismann, Kristin / Schmitt, Martina / Rohn, Holger / Baedeker, Carolin (2012): Nutzen statt Besitzen. Berlin: Heinrich-Böll-Stiftung

Lenin, Wladimir I. (1916): Der Imperialismus als höchstes Stadium des Kapitalismus. LW 22, S. 189-309

- (1918a) Die nächsten Aufgaben der Sowjetmacht. LW 27, S. 225-268

- (1918b): Die Hauptaufgabe unserer Tage. LW 27, S. 146-151

- (1918c): Über »linke« Kinderei und über Kleinbürgerlichkeit, LW 27, S. 315-347

- (1921): Über die Naturalsteuer, LW 32, S. 341-380

- (1923): Über das Genossenschaftswesen. LW 33, S. 453-461

Le Roy, Étienne (2015): Wie ich dreißig Jahre zu Commons forschte, ohne es zu wissen. In: Helfrich, Silke / Bollier, David 2015, S. 267-284

Loick, Daniel (2017): Anarchismus. Zur Einführung. Hamburg

- (2016): Der Missbrauch des Eigentums. Berlin

Lucht, Kim / Deppe, Frank / Dörre, Klaus (Hg.) (2023): Sozialismus im 21. Jahrhundert? Hamburg

Luft, Christa (1992): Treuhandreport. Berlin

Luxemburg, Rosa (1903): Karl Marx, in: Gesammelte Werke, Band 1.2. Berlin

- (1918/1922): Die russische Revolution, herausgegeben von Paul Levi, Berlin

Marchlewski, Julian (Karski) (1919): Das Rätesystem. Essen

Marx, Karl / Engels, Friedrich (1845): Die deutsche Ideologie, MEW 3, S. 5-530

- (1848): Manifest der Kommunistischen Partei. MEW 4, S. 459-493

- (1882): Vorrede zur zweiten russischen Ausgabe des Manifests der Kommunistischen Partei. MEW 19, S. 295-296

Marx, Karl (1844a): Zur Kritik der Hegelschen Rechtsphilosophie. MEW 1, S. 378-391

- (1844b): Ökonomisch-philosophisches Manuskript aus dem Jahre 1844. MEW 40, S. 465-588
- (1852): Der achtzehnte Brumaire des Louis Bonaparte. MEW 8, S. 111-207
- (1857): Zur Kritik der politischen Ökonomie. MEW 13, S. 3-160
- (1858): Grundrisse der Kritik der politischen Ökonomie. MEW 42, S. 47-768
- (1867a): Das Kapital. Erster Band, Hamburg Faksimile-Ausgabe; vgl. MEGA II/5, S. 601)

(1867b): Das Kapital, Band I. MEW 23

- (1867c): Instruktionen für die Delegierten. MEW 16, S. 190-199
- (1868): Über die Nationalisierung des Grund und Bodens. MEW 18, S. 59-62
- (1869): Rede über das Erbrecht. MEW 16, S. 559-562
- (1871): Bürgerkrieg in Frankreich. MEW 17, S. 313-362
- (1872ff): Le Capital, Paris. Faksimile; vgl. MEGA II/7
- (1875) Kritik des Gothaer Programms. MEW 19, S. 11-32
- (1881a): Entwürfe einer Antwort auf den Brief von V. I. Sassulitsch. MEW 19, S. 384-406
- (1881b): Brief an V. I. Sassulitsch. MEW 19, S. 242-243
- (1894 Das Kapital, Band III. MEW 25

Mason, Paul (2016): Postkapitalismus. Grundrisse einer kommenden Ökonomie. Berlin

Mattick, Paul (1970): Einleitung in: Gruppe Internationaler Kommunisten (Holland) (1930/1970). Berlin

- (1978): Anti-Bolshevik Communism. Monmouth
- (1974): Marx und Keynes. Die Grenzen des »gemischten Wirtschaftssystems«. Frankfurt a. M.

Meretz, Stefan (2014): Keimform und gesellschaftliche Transformation. www.keimform.de (Streifzüge 60/2014) (Zugriff: 9.2.2018)

Meyer, Georg (1868): Das Recht der Expropriation. Leipzig

Most, Johann (1887): Die Eigenthumsbestie, New York (online)

Muldoon, James (2022): Platform Socialism. London

Müller, Horst (2021): Das Konzept Praxis im 21. Jahrhundert. Norderstedt

Müller, Klaus (2015): Geld. Von den Anfängen bis heute. Freiburg

Müller, Richard (1921): Das Rätesystem in Deutschland. In: Ignaz Jezower (Hg.): Die Befreiung der Menschheit. Freiheitsideen in Vergangenheit und Gegenwart. Berlin 1921, S. 168-176

Naphtali, Fritz (Hg.) (1928): Wirtschaftsdemokratie. Ihr Wesen, Weg und Ziel. Berlin

Neckel, Sighard (2022): Infrastruktursozialismus. Die Bedeutung der Fundamentalökonomie. In: Derselbe u. a. (Hg.): Kapitalismus und Nachhaltigkeit, Frankfurt a. M.
Notz, Gisela (2012): Theorien alternativen Wirtschaftens. Stuttgart
Novy, Klaus (1978): Strategien der Sozialisierung. Die Diskussion der Wirtschaftsreform in der Weimarer Republik, Frankfurt a. M. / New York
Nuss, Sabine (2019): Keine Enteignung ist auch keine Lösung. Berlin
- (2024): Wessen Freiheit, welche Gleichheit? Berlin
Ostrom, Elinor (1999): Die Verfassung der Allmende. Tübingen
Pannekoek, Anton (1947/2008): Arbeiterräte. Texte zur sozialen Revolution. Fernwald
- (1952): Über Arbeiterräte. www.marxists.org/deutsch/archiv/pannekoek/1952/03/arbeiterraete.htm
Parteihochschule der KPdSU (1974): Lehrbuch Politische Ökonomie, Band 4. Berlin (DDR)
Pechmann, Alexander von (2021): Die Eigentumsfrage im 21. Jahrhundert. Bielefeld
Peters, Arno (2000): Computer-Sozialismus. Gespräche mit Konrad Zuse. Berlin
Pettifor, Ann (2015): Is capitalism »mutating« into a infotech utopia? London, www.primeeconomics.org (1.2.2018)
Piketty, Thomas (2020): Kapital und Ideologie. München
Poulantzas, Nicos (2002): Staatstheorie. Hamburg
Proudhon, Pierre-Joseph (o. J., 1840): Was ist das Eigentum? (Online-Version)
Redaktionskollektiv (2017): Geld und Eigentum? Abschaffen! Und warum das noch lange nicht reicht. Bremen o. J. (Online-Version)
Rifkin, Jeremy (2000): Access. Das Verschwinden des Eigentums. Frankfurt a. M. / New York
- (2014): Die Null-Grenzkosten-Gesellschaft. Frankfurt a. M. / New York
Roesler, Jörg (2012): Geschichte der DDR. Köln
Sablowski, Thomas (2010): Die Produktionsweise eines Vereins freier Menschen. In: Luxemburg 4/2010, S. 122-129
Schmidt, Christopher (2023): Vergesellschaftung, Sozialisierung, Gemeinwirtschaft. Münster
Schumpeter, Joseph A. (1920): Sozialistische Möglichkeiten von heute. In: Archiv für Sozialwissenschaft und Sozialpolitik. Band 48. Tübingen
Seldeslachts, Jo / Banal-Estañol, Albert / Boot, Nuria (2023): Mehr gemeinsame Anteilseigner, mehr US-Investoren: Eigentümerstrukturen deutscher Firmen haben sich verändert. In: DIW-Wochenbericht 23/2023
Sen, Amartya (1999): Ökonomie für den Menschen. Wege zu Gerechtigkeit und Solidarität in der Marktwirtschaft. München

Siefkes, Christian (2009): Beitragen statt tauschen. Version 1.03, Neu-Ulm

Siegrist, Hannes (Hg.) (2007): Entgrenzung des Eigentums in modernen Gesellschaften und Rechtskulturen. Leipzig

Šik, Ota (1979): Humane Wirtschaftsdemokratie. Ein dritter Weg. Hamburg

Simmel, Georg (1908): Soziologie. Über die Formen der Vergesellschaftung. Leipzig

Sombart, Werner (1908): Sozialismus und soziale Bewegung. Jena 1908

Sonderforschungsbereich »Strukturwandel des Eigentums« (2024): https://sfb294-eigentum.de/de/forschungsprogramm/arbeitsgruppen/ag-3-eigentumsordnungen-bedingungen-fur-stabilitat-und-wandel/

Stalin, Josef (1931): Über die Aufgaben der Wirtschaftler. Rede am 4.2.1931, in: www.marxists.org/deutsch/referenz/stalin/1931/02/wirtschaft.htm)

Streeck, Wolfgang (2019): Der alltägliche Kommunismus. In: Blätter für deutsche und internationale Politik 6/2019. S. 93-105

Sunkara, Bhaskar (2019): The Socialist Manifesto. The Case for Radical Politics in an Era of Extreme Inequality. New York

Sutterlütti, Simon / Meretz, Stefan (2018): Kapitalismus aufheben. Hamburg

Tönnies, Ferdinand (1887): Gemeinschaft und Gesellschaft. Berlin

Urban, Hans-Jürgen (2019): Gute Arbeit in der Transformation. Hamburg.

van Dyk, Silke (2024): Das Kollektive im Privaten. Privateigentum als Schuld an der Gesellschaft und eine neue Politik des Öffentlichen. In: van Dyk, Silke / Reitz, Tilman / Rosa, Hartmut (2024): Nach dem Privateigentum? Frankfurt a. M. / New York 2024, S. 131-226

Villain, Jean (1975): Die großen 72 Tage. Berlin

Vitali, Stefania / Glattfelder, James B. / Battiston, Stefano (2011): The network of global corporate control. ETH Zürich

Voß, Elisabeth (2008): Solidarische Ökonomien als Alternativen zum Neoliberalismus. In: Giegold, Sven / Embshoff, Dagmar: Solidarische Ökonomie im globalisierten Kapitalismus. Hamburg, S. 62-64

Wagner, Adolf (1892): Grundlegung der politischen Ökonomie. Leipzig

Weber, Max (1922): Wirtschaft und Gesellschaft. Tübingen

Weil, Fritz (1921): Sozialisierung. Versuch einer begrifflichen Grundlegung nebst einer Kritik der Sozialisierungspläne. Berlin

Weissel, Erwin (1976): Die Ohnmacht des Sieges. Arbeiterschaft und Sozialisierung nach dem ersten Weltkrieg. Wien

Wendt, Rudolf (2024): Sozialisierung. In: Staatslexikon www.staatslexikon-online.de/Lexikon/Sozialisierung (Zugriff: 13.9.2024)

Windolf, Paul (2005): Was ist Finanzmarktkapitalismus? In: Paul Windolf (Hg.): Finanzmarktkapitalismus. Kölner Zeitschrift für Soziologie und Sozialpsychologie. Sonderheft 45/2005. S. 20-57

Wissenschaftliche Dienste beim Deutschen Bundestag (2018): Zur Geschichte und aktuellen Situation von Genossenschaften. Berlin

Wright, Eric Olin (2017): Reale Utopien. Wege aus dem Kapitalismus. Berlin

Zelik, Raul (2020): Wir Untoten des Kapitals. Über politische Monster und einen grünen Sozialismus. Berlin

- (2020): Durch Selbstermächtigung zur befreiten Gesellschaft. In: Blätter für deutsche und internationale Politik, August 2020

Žižek, Slavoj (2021): Ein Linker wagt sich aus der Deckung. Für einen neuen Kommunismus. Berlin

Jürgen Leibiger

Wirtschaftswachstum

Basiswissen Politik / Geschichte / Ökonomie

Pocketformat
135 Seiten; € 9,90 [D]
ISBN 978-3-89438-607-8

Während die einen jedes zusätzliche Prozent an Wachstum euphorisch feiern, fordern die andern ein Schrumpfen der Wirtschaft. Was aber ist Wirtschaftswachstum überhaupt und wie kann es gemessen werden? Was sind seine Triebkräfte? Warum vollzieht es sich im Kapitalismus diskontinuierlich und krisenhaft? In welcher Beziehung steht es zum Wohlstand und zu dessen Verteilung? Worin bestehen seine Grenzen und wie kann mit ihnen umgegangen werden? Hat es für die individuelle Lebensqualität und für die gesellschaftliche Entwicklung noch dieselbe Bedeutung wie in der Vergangenheit? Ausgehend von seiner Rolle in der Zivilisationsgeschichte und für den Akkumulationsprozess des Kapitals werden die grundlegenden Zusammenhänge dargelegt, die aktuelle Wachstumsdiskussion behandelt und das Verhältnis von Wachstum und menschlicher Emanzipation untersucht.